Qu'as-tu à me dire ?

À l'écoute des animaux pour éveiller votre conscience

DU MÊME AUTEUR

Participation au livre des Intuiteurs sans frontières, *Dialogues avec l'Animal et le Vivant*, Le Souffle d'or, 2019.

CHEZ LE MÊME ÉDITEUR

– Rebecca Fitzgerald, *Les Dauphins ont changé ma vie – enseignements et guérison*, 2001

– Annie Pazzogna, *Totem – animaux, arbres et pierres, mes frères*, 2008

– Béatrice Després, *La thérapie des champs mémoriels*, 2011

– Robert Mucci, *Pour dénouer au présent les traumatismes émotionnels du passé*, 2012

– COLLECTION LES OISEAUX :

Le corbeau, 2006
Le faucon, 2006
L'hirondelle, 2008
La chouette, 2010
La mouette, 2010

Éva Lartigau

Qu'as-tu à me dire ?

À l'écoute des animaux pour éveiller votre conscience

Le Mercure Dauphinois

REMERCIEMENTS

Cette page pour remercier tous les êtres qui ont contribué à la naissance de ce livre et qui m'ont soutenue à un moment de ma vie.

Tout d'abord, un grand merci à toutes les personnes qui m'ont fait confiance dans l'accompagnement de leur animal et leur propre accompagnement, à travers la communication intuitive. Chaque échange et communication furent d'une grande richesse.

Merci à Simon, Pierre, Manon et Marie-Laure pour avoir été les premiers cobayes à lire ce livre et à m'encourager à continuer de l'écrire.

Merci à Anaïs, ma belle-sœur, pour m'avoir soutenue dans la correction de cet écrit. Merci pour tes commentaires bienveillants.

Une profonde gratitude à mon frère, mon beau-père, mes ami.e.s et mes colocs pour leur soutien, leur présence et leur amour au quotidien. Merci d'être là lorsque je doute, merci de croire en moi.

Un immense merci à ma merveilleuse maman, mon guide, mon âme-sœur, mon amie… Merci de veiller sur moi depuis toujours, merci de croire en mes capacités et de m'accueillir pour ce que je suis. Tu es celle qui a su voir en moi ce que je ne percevais pas encore. Je ne pourrai jamais te remercier assez pour tout ce que tu m'as apporté jusque-là à travers tes mots, tes enseignements, à travers qui tu es. Merci.

Pour finir, je remercie profondément tous les animaux qui m'ont accompagnée et tous ceux qui peuplent cette terre. Merci pour leur amour, leur tendresse et leur sagesse. Sans eux, je ne serais pas celle que je suis aujourd'hui.

4 rue de Paris 38000 Grenoble – FRANCE
Tél. 04 76 96 80 51
E-mail : lemercuredauphinois@wanadoo.fr
Site : lemercuredauphinois.fr
ISBN : 978-2-35662-473-4

À Canaille, Milky, Plume, Griotte, Ruby et Delphie,
les rayons de soleil qui m'accompagnent et illuminent ma vie.

PROLOGUE

De nombreux livres ayant pour thème la communication avec les animaux ont pour objectif d'enseigner aux lecteurs les outils permettant d'échanger par voie télépathique avec les animaux. Ces livres relatent les expériences des communicateurs ainsi que les témoignages des personnes ayant fait appel à leur service.

Le livre que vous tenez, aujourd'hui, entre vos mains n'a ni cet objectif ni cette forme.

Ce livre a été écrit dans le but de vous transmettre les messages qui m'ont été communiqués par les animaux que nous fréquentons au quotidien, nos animaux domestiques.

Ces transmissions ont eu lieu lors de mes consultations auprès de particuliers. Ces mots emplis d'amour, de bienveillance et de sagesse, n'étaient pas seulement destinés à leur gardien (« maître » de l'animal). Ils m'ont été communiqués à l'intention de l'espèce humaine dans sa globalité, à notre intention. Leurs messages sont des clefs pour nous aider dans notre évolution personnelle, des clefs pour accéder à notre propre reconnaissance et renaissance.

Les animaux nous apportent un autre regard sur nos relations, notre idée du travail, sur la vie en général et surtout sur nous-mêmes. Grâce à eux, nous voyons clairement nos projections, nos programmes de vie, nos conditionnements, nos croyances. Nous perçons brièvement le voile de l'illusion.

À leurs messages, j'ai ajouté mes propres compréhensions issues de mes expériences en tant que communicatrice animalière, de mes rencontres et de mon cheminement personnel (voyages, lectures, soins, conférences, expériences d'éveil, etc).

Au-delà d'être des messagers, d'être le miroir de nos propres peurs et croyances, les animaux sont des êtres à part entière avec leurs propres émotions, histoires et chemins d'évolution. Ils apprennent de nous comme nous avons à apprendre d'eux. C'est une relation d'échange équilibrée et harmonieuse qui doit s'installer entre eux et nous.

Je crois profondément que notre mission en tant qu'être humain est de reconnaître le divin en chaque être vivant et de considérer les animaux avec respect et bienveillance.

J'espère sincèrement qu'au-delà d'un apport sur le plan individuel, ce livre amènera une ouverture des consciences.

Dans l'introduction de ce livre, j'évoquerai mon parcours, les expériences qui m'ont amenée à canaliser les messages des animaux.

Quant au corps du livre, il y a plusieurs manières de l'aborder :

– Vous pouvez lire le livre de façon continue en prenant le temps d'intégrer chaque message.

– Vous pouvez ouvrir une page « au hasard » en vous reliant à votre énergie du moment. Avant d'ouvrir le livre, je vous conseille de fermer les yeux, de vous centrer sur votre respiration et de poser une question. De cette façon, vous obtiendrez une clef pour vous accompagner dans la traversée de votre situation actuelle.

INTRODUCTION
MON PARCOURS

Depuis que je suis en âge de parler, j'exprime l'amour et la reconnaissance que j'éprouve envers le règne animal. J'ai toujours eu le sentiment d'avoir un rôle à jouer auprès des animaux, d'avoir une mission.

Lorsque nous étions petits, ma mère nous a appris, à mon frère et moi, à faire très peu de bruits lors de nos balades en forêt, à la montagne. Elle nous a enseigné comment être à l'écoute de la nature et de ses habitants et à observer ce qui se jouait autour de nous. Nous nous amusions à chercher les traces des êtres magiques de la nature (fées, elfes, lutins) et à leur construire des minuscules maisons. Ces moments passés avec ma mère m'ont permis de ressentir une profonde connexion à la nature, d'apercevoir la magie et le merveilleux dans toutes les choses qui m'entouraient.

Quand je jouais avec mon frère et d'autres enfants, j'étais la première à aider un escargot à traverser une route, la première à m'interposer quand ils voulaient écraser une araignée ou des fourmis.

Cette volonté de « sauver » les animaux m'a poussée à me dire que je devais devenir vétérinaire, premier métier qui vient à l'esprit d'un enfant quand celui-ci veut s'occuper d'animaux.

Après la réalisation de mon stage de troisième dans une clinique vétérinaire, j'ai réalisé que je ne souhaitais pas avoir ce rapport-là avec les animaux. Les vétérinaires ne prenaient pas le temps de discuter avec les gardiens des animaux et enchaînaient les opérations sans considération pour l'état émotionnel de l'animal. Rendement, gain et reconnaissance sociale étaient les maîtres-mots de cette clinique alors que je m'attendais à de la bienveillance, de la douceur, de l'écoute alliées, bien entendu, à de l'efficacité.

À l'âge de quatorze ans, j'ai donc cherché un autre type de métier qui correspondrait à ma volonté d'aider et de protéger les animaux. Je me voyais alors travailler dans un parc national, dans une réserve naturelle ou alors pour un centre de recherche en conservation de telle ou telle espèce sauvage. Ayant ce nouvel objectif en tête, j'ai obtenu un Bac scientifique puis une licence en biologie générale et enfin un master recherche en écologie comportementale. Plus j'avançais dans mes études, plus je ressentais un écart entre la perception des animaux que j'avais construite grâce à ma relation avec eux, et ce que qui nous était enseigné à leur sujet à l'université. Cet écart s'est encore creusé lorsque j'ai rencontré plusieurs chercheurs pour qui l'animal est un objet d'étude comme un autre et qui l'appréhendent seulement en tant qu'espèce et jamais en tant qu'individu.

Pour mener à bien certaines études scientifiques dans les domaines de l'éthologie, de la conservation, les chercheurs ont besoin d'effectuer des prélèvements d'individus dans le milieu naturel. Ces individus sont alors manipulés pour subir des tests, s'ensuit une remise en liberté ou non de ces derniers. La captivité, les divers tests et manipulations causent du stress, de l'incompréhension, de la peur chez ces animaux et parfois même leur décès. Combien de fois ai-je pu entendre « cela n'a pas d'importance, il n'y en a plein d'autres ! » Cette pensée, pour moi, est la traduction d'un réel manque de conscience de l'unicité de chaque être vivant habitant la planète. Chaque animal, bien que pouvant appartenir à la même espèce, a sa propre histoire, sa propre personnalité et sa propre âme. Il n'existe pas deux être identiques sur la Terre, nous nous devons de le reconnaître et de les respecter.

> *Chaque être est sacré, ce qui veut dire que chacun a une valeur inhérente qui ne peut être classée dans une hiérarchie ou comparée à la valeur d'un autre être.*
>
> STARHAWK (Kim Sheridan, *Les animaux et l'au-delà.*)

Je sais l'importance que peut avoir la réalisation de ces études scientifiques, je souhaite simplement que davantage de personnes en conscience de l'unicité de chaque animal les mènent.

Mes deux premières missions de volontariat, au Brésil et au Kenya, pour étudier les loutres et les singes colobes respectivement, m'ont motivée à partir de nouveau, cette fois-ci, au Mexique en tant qu'assistante de recherche. Mon travail était d'étudier le rôle du hurlement au sein du groupe chez les singes hurleurs. Pour cela, les autres assistants et moi-même passions douze heures par jour dans la jungle à observer un groupe de singes hurleurs et à noter les différents comportements de chaque individu. Les singes dormant 70 % du temps, je profitais de ces instants pour lire tout en restant alerte.

À ce moment-là, je lisais le livre de Jonathan Safran Foer [1] et je fus bouleversée. J'étais pourtant déjà bien informée sur ce qu'il se passait dans les abattoirs.

La lecture de ce livre m'a amenée à me poser de nombreuses questions concernant les bienfaits immédiats pour les animaux du travail que j'étais en

1. Jonathan Safran Foer, *Faut-il manger les animaux,* Points, 2012.

train d'effectuer. L'intérêt de l'étude éthologique à laquelle je collaborais, comme pour la majorité des études dans ce domaine, est d'amasser un maximum de connaissance sur une espèce afin de mieux la comprendre et donc d'élaborer les meilleurs plans de conservation. En effet, comment peut-on préserver une espèce si nous n'avons pas connaissance de son alimentation, de son habitat, de son mode de vie ? Bien que ces études répondent à un réel besoin, le temps que celles-ci soient finalisées, validées par la communauté scientifique, suivies par des actions concrètes, des centaines d'espèces disparaissent, des animaux sont torturés et tués afin de faire du profit et d'autres ne sont tout simplement pas considérés, pas respectés.

Respecter ne demande pas de connaître. Respecter demande d'être en conscience.
Être en conscience, c'est reconnaître la valeur intrinsèque de l'autre.
Être en conscience, c'est reconnaître le droit à vivre de chaque individu.
Être en conscience, c'est honorer le vivant.
Être en conscience, c'est accueillir chaque être vivant pour ce qu'il est et ressentir son appartenance au Tout.

Agir sur la conscience des êtres humains m'apparaissant comme le meilleur moyen pour préserver la nature, j'ai décidé d'écourter mon voyage au Mexique.

Ma mère étant formatrice en développement personnel et thérapeute énergéticienne, je suis « tombée dans la marmite » très jeune comme diraient certains. J'ai été formée à l'écoute, à la communication consciente, à la gestion des émotions, etc. Au vu de l'amour que je porte aux animaux et de mon besoin de grandir continuellement, cela a fait sens pour moi de suivre une formation à la communication animale, quelques semaines après mon retour du Mexique (fin 2012). La lecture du livre *Le Peuple animal*[2] m'avait déjà ouvert des portes dans ce domaine, il ne me restait plus qu'à les emprunter.

Grâce à cette formation, j'ai découvert que j'avais une grande facilité à rentrer en contact avec les animaux par télépathie. En fait, les animaux m'ont toujours parlé, seulement je n'étais pas à leur écoute.

Les animaux, les végétaux, la nature dans sa globalité, nous parlent constamment. Nous sommes tellement distanciés de la nature que nous oublions que nous en faisons partie. En étant dans un état de conscience dite « modifiée », nous sommes à l'écoute de nos ressentis et intuitions, nous sentons notre connexion à la toile de la vie, nous sommes en présence. Dans cet état, état

---

2. Daniel Meurois et Anne Givaudan, *Le Peuple animal*, Éditions Le Perséa, 2002.

naturel de tout être vivant non humain, nous pouvons recevoir et envoyer des messages aux animaux, aux arbres, aux plantes, à la planète. Tout est énergie, vibration que ce soient des mots, des pensées, de la matière... Il suffit d'être en conscience pour les capter. Il existe des outils faciles d'accès pour vous permettre de parvenir à un état de conscience dite « modifiée ». Vous pouvez les apprendre dans des livres ou lors de formations animées par des thérapeutes.

N'assumant pas encore totalement cette part de moi, en 2013 j'ai choisi d'emprunter une voie plus « formelle ». Avec l'aide de trois amies, j'ai créé une association d'éducation à l'environnement. Cette association avait pour but de rendre l'homme conscient du vivant en reconnectant l'être humain à la nature et aux animaux en transmettent des valeurs fondamentales aux enfants à travers des activités créatives et pédagogiques.

L'association commençant à bien prendre forme dans la région grenobloise, je souhaitais avoir un pied à l'international. Fin 2014, je partais pour un an en Australie. Je suis partie avec le besoin insatiable d'impacter le plus de personne possible et de « changer » le monde.

À Sydney, j'ai rencontré des gens extraordinaires qui ont cru en moi et qui étaient prêts à s'investir à mes côtés dans la création d'une organisation à but non lucratif. Avant toute création, il me fallait garantir le renouvellement de mon Visa, je me suis donc rendue durant trois mois dans divers coins d'Australie pour faire du *woofing* (travail en échange du logement et de la nourriture).

Ces différentes expériences étant particulièrement difficiles à traverser (solitude, isolement, exploitation...), je me suis beaucoup questionnée sur mes envies, mes besoins, mes peurs et croyances qui faisaient que je me retrouvais confrontée à ces situations. J'ai compris qu'à travers ce projet, je voulais prouver ma valeur aux autres mais surtout à moi-même. Ce projet était une réponse à mon besoin de reconnaissance, à mon besoin d'être aimée. Ce projet était donc bâti sur un manque et non un plein. L'élan qui m'animait prenait sa source dans un manque d'amour pour moi-même et non dans la conscience de l'amour que je suis. Ce n'était pas aligné. J'ai pris conscience que c'est avant tout en se changeant soit que nous pouvons réellement changer le monde. C'est en revenant au plus près de soi, au plus près de nos aspirations profondes que nous pouvons inspirer les gens autour de nous. L'essentiel est simplement d'être heureux, d'être en paix avec nous-mêmes, d'être dans l'accueil de qui nous sommes. Il n'y a rien à faire, nous avons juste à être qui nous sommes, une parcelle du Tout.

En automne 2015, je n'ai pas signé les papiers pour la création d'une organisation en Australie. Je suis rentrée en France avec une autre perception de la vie et de mon rôle à jouer dans le théâtre de celle-ci.

Nous avons dissous l'association pour diverses raisons propres à chaque membre du bureau.

Je suis, depuis mai 2016, à mon compte en tant que communicatrice animalière, formatrice et animatrice d'ateliers pour enfants.

Aujourd'hui, je sais que le monde et les personnes qui le parcourent n'ont pas à changer. Le monde est ce qu'il est. Les personnes sont ce qu'elles sont. Tout est la somme de nos projections, croyances, peurs personnelles ou collectives.

Aujourd'hui, j'essaie de faire le maximum de mes choix par amour et non par peur et d'accueillir ce qui est à chaque instant.

Aujourd'hui, j'aimerais voir davantage de bienveillance, d'amour et de conscience sur Terre.

Ce livre est ma contribution.

ENVOYER ET RECEVOIR DES MESSAGES DES ANIMAUX

Il y a une explication biologique/scientifique au phénomène de la communication animale. L'unité biologique fondamentale des êtres vivants est la cellule, elle-même composée de molécules constituées d'un assemblage d'atomes. Il a été mis en évidence par la science l'aspect vibratoire de l'atome. Chaque être vivant émet ainsi une vibration. Ainsi tout est énergie. Notre corps émet des vibrations et en reçoit de l'extérieur en permanence. Ces vibrations peuvent être comparées aux empreintes digitales, elles sont propres à chaque individu. Nous sommes des êtres uniques : mon chien Canaille va vibrer différemment de ma rate Plume qui va vibrer différemment du chat de mon voisin, Pacha. Cette prise de conscience est essentielle pour comprendre la communication animale.

La communication intuitive passe par le cerveau. Deux des cinq ondes émises par celui-ci nous intéressent particulièrement. Les ondes Bêta qui correspondent à l'activité physique, cognitive ou intellectuelle et les ondes alpha qui se manifestent en cas de relaxation, de sensation de bien-être. Afin de communiquer avec les animaux non humains il s'agit d'être sur la même longueur d'ondes en accordant notre état vibratoire à leur état naturel d'éveil où ils émettent des ondes Alpha. Il nous appartient donc d'être dans un état de relaxation, un état de conscience dite « modifiée ». Cet état nous permet d'être à l'écoute des ressentis, nous entrons en connexion avec la toile de la vie, nous sommes présence. C'est ainsi que nous pouvons recevoir et envoyer des messages aux animaux, aux arbres, aux plantes, à la planète. L'univers est une immense toile qui communique vibratoirement en son sein par le biais de mots, de pensées, d'énergie, etc. À mon sens, la communication inter-espèces à distance se déroule de la même façon que les ondes radios qui voyagent. Peu importe la distance à laquelle vous êtes de la tour d'émission de RFM, vous arrivez à capter la musique si vous trouvez la bonne fréquence. Chaque être vivant est à la fois une tour d'émission et de réception, chaque être vibre à sa propre fréquence. L'idée est d'arriver à capter la fréquence de l'être avec qui vous souhaitez communiquer et pour cela avoir une photographie de l'animal et son nom peuvent aider. Ma croyance est que lorsque nous communiquons avec un animal, ce n'est pas une lecture de pensées comme certaines personnes peuvent le penser en parlant de télépathie, c'est « la lecture » d'une information vibratoire.

Chacun possède la capacité de communiquer avec le vivant (animaux, végétaux, minéraux) mais nous l'ignorons ou l'avons oubliée. La maîtrise de cette aptitude demande plus ou moins d'entrainement selon notre facilité à rester en état de conscience dite « modifiée ». Comme tout agissement, la communication animale engendre des responsabilités. Elle demande respect et bienveillance envers l'être avec lequel nous nous relions. Il est essentiel de respecter la vie privée des personnes vivant avec l'animal, ainsi nous ne pouvons communiquer avec celui-ci sans l'accord de son gardien à moins que l'animal n'initie un dialogue. L'animal est un être libre. Mais lors d'une communication, nous pouvons avoir accès à des informations concernant son entourage et sans l'accord du gardien, cela devient du « voyeurisme ». Par ailleurs, durant une connexion, l'animal peut nous faire part d'un mal-être et poser des demandes pour améliorer son quotidien. Si le gardien n'est pas au courant de la démarche, nul ne sera en mesure de répondre aux demandes de l'animal, ce qui engendrera des frustrations supplémentaires pour lui car il ne se sentira pas entendu.

Lorsqu'une personne me demande d'effectuer une communication avec son animal je vérifie mon état intérieur, il s'agit pour moi d'être en bonne disposition, à savoir que mon envie et mon énergie soient en phase. Je dois également ne pas être dans l'urgence, une communication demande du temps. Cet alignement permet d'émettre sur la bonne fréquence vibratoire pour recevoir des informations. Personnellement, je ne mets pas en place de bulle de protection avant de pratiquer la communication intuitive comme il peut être conseillé dans beaucoup de livres. Je crois fondamentalement que « le bouclier attire la lance » c'est-à-dire que c'est la croyance qu'il existe quelque chose qui peut nous atteindre qui engendre le fait de pouvoir être affecté par celle-ci. Si un jour, il m'arrive de « récupérer » quelque chose (entités, émotions, etc.) d'un animal cela signifiera que je porte en moi une blessure qui fait écho à celle de l'animal, il y a un effet velcro. Le fait d'établir avant la séance un bouclier ou pas ne changera pas le résultat. Si cela a lieu, c'est que j'ai encore quelque chose (traumatismes, souffrances…) à libérer.

Un temps de méditation me permet d'atteindre l'état propice pour bien communiquer. Je médite souvent sur la musique de Deva Premal Moola Mantra. Cet état de conscience dite « modifiée » atteint, je m'imprègne de l'énergie de l'animal par le biais d'une photographie je me présente à lui, l'informe de l'intention de son gardien et attends son accord. Ensuite, je lui pose les questions de son gardien et le laisse libre de s'exprimer. J'inscris sur un carnet toutes les informations que je reçois sans jugement même si cela ne fait pas forcément sens pour moi. Avant de le quitter, je vérifie s'il a d'autres messages à transmettre puis le remercie de cet échange.

Il m'arrive parfois de communiquer de manière indirecte, à ce moment je ne m'adresse pas à l'animal mais à la mémoire universelle/les annales akashiques. C'est le lieu de stockage de toutes les informations de l'univers, un endroit auquel nous avons accès en permanence, là réside toutes les réponses à nos questions.

La notion de VAKOG désigne les différents canaux qui permettent de recevoir des informations : **V**isuel, **A**uditif, **K**inesthésique, **O**lfactif, **G**ustatif. J'ai remarqué qu'il y a souvent un lien entre notre façon d'apprendre par cœur à l'école et la manière dont nous recevons les informations lors d'une communication animale. Par exemple, lors de mes études, j'apprenais en répétant à voix haute mes cours, en marchant dans une pièce et en visualisant les pages de cours que j'avais coloriées. Les canaux de réception que j'utilise le plus sont donc le visuel, l'auditif et le kinesthésique.

Je reçois rarement des informations par le canal gustatif et jusqu'alors jamais par l'olfactif. Une fois, il m'est arrivé d'avoir un goût de sardine dans la bouche en étant reliée à un chat, son gardien m'a confirmé qu'il en réclamait. Une jument m'a également envoyé un goût métallique pour m'informer de ses brûlures d'estomac et de ses remontées acides à cause d'un lourd traitement médicamenteux, ce goût était couplé à une sensation de mal à l'estomac (informations kinesthésiques). Il s'est avéré que cette jument venait d'être traitée pendant plusieurs jours aux antibiotiques et souffrait de problèmes de ventre. Lorsque le canal visuel est actif, un film se déroule, je perçois des images qui peuvent concerner l'environnement, le comportement ou les préférences du sujet avec lequel j'échange. Il est important d'avoir conscience que les informations reçues sont en lien avec notre répertoire personnel, l'animal utilise nos références pour nous permettre de comprendre son message. En d'autres termes, c'est comme si l'énergie du message de l'animal passé dans un traducteur arrivait à nous selon notre référentiel. Lors d'une communication avec une rate, celle-ci m'a envoyé l'image du rat Splinter dans le dessin animé *Les Tortues Ninja* pour me décrire son caractère. Il est évident que la rate n'avait jamais vu ce dessin-animé mais cette référence m'a permis de percevoir sa personnalité. Par ailleurs, en faisant part au gardien de cette information, il s'avérait que pour lui sa rate représentait le rat Splinter par son intelligence, sa dextérité et sa sagesse.

Le jugement n'a pas sa place dans ce type de pratique, il s'agit de retransmettre au gardien de l'animal tout ce qui a été perçu, en précisant qu'une erreur est possible car aucun filtre n'est parfait. Un autre exemple cité dans *Dialogues avec l'animal et le vivant* livre co-écrit avec d'autres « intuiteurs » et spécialistes d'horizons variés : En communiquant avec une chatte, je reçois plusieurs fois l'image d'un poireau, j'étais assez perplexe car à mon sens le chat est un animal carnivore. En en parlant à la gardienne, celle-ci me dit que les poireaux cuits sont l'un des aliments préférés de sa chatte et que celle-ci va même se servir dans la cuisine. Les communications avec les animaux peuvent être déroutantes. Elles demandent souvent de questionner ses projections et connaissances sur l'espèce.

Lorsque nous recevons des informations par le canal kinesthésique, nous ressentons des sensations corporelles. Afin d'être sûre que la sensation éprouvée ne m'appartient pas, je vérifie, avant toute communication, mon état de santé. Toute sensation de douleur ou de gêne dans une partie de mon corps, durant une communication, m'indique une zone douloureuse pour l'animal. Ainsi, j'ai pu déceler chez des animaux des problèmes respiratoires, digestifs, articulaires validés par la suite par le vétérinaire ou un ostéopathe animalier. Ces informations sont essentielles, elles permettent de savoir comment un problème physique est vécu émotionnellement par l'animal et parfois elles permettent d'agir plus rapidement et efficacement. Récemment, j'ai communiqué avec une jument qui s'était blessée à la patte arrière. La gardienne ne savait pas ce qu'il s'était passé et où était la blessure : boulet, cheville, ligaments ? J'ai pu localiser exactement l'emplacement de la blessure (entorse à la cheville) et comprendre ce qui l'avait entrainée. La jument m'a aussi expliqué qu'elle ressentait un lancement au niveau des nerfs de la cheville à la hanche. Grâce à ces informations, la gardienne a pu « décoincer sa sciatique » et a trouvé un « gros nœud » au niveau de l'articulation sacro-lombaire. Grâce à la communication puis au soin énergétique que j'ai effectué, la jument a recouvré son énergie « de jeune fille » et sa joie de vivre alors qu'elle est âgée de 24 ans. Elle s'est mise à galoper l'après-midi même alors qu'elle boitait depuis une semaine.

Bien que la communication animale permette de trouver certaines solutions pour apaiser la douleur d'un animal, celle-ci ne doit en aucun cas remplacer un diagnostic posé par un vétérinaire. Lorsqu'un animal change de comportement, le premier réflexe doit être de l'amener chez un vétérinaire avant toute chose.

Lorsque le canal auditif domine, un vrai dialogue riche et inspirant s'établit. Il m'arrive de recevoir des textes en écriture automatique c'est-à-dire que ma main écrit, sans que je n'y mette de la volonté ou de la raison, les informations sont fluides, rapides et importantes. Je ne saurai écrire de tels textes si je le souhaitais. Toutes les phrases et messages des animaux diffusés dans ce livre ont d'ailleurs été reçus en écriture automatique.

Les animaux ont de nombreux enseignements à nous transmettre, si seulement nous nous arrêtions un instant pour les écouter.

MESSAGES DE NOS ANIMAUX DE COMPAGNIE

Avertissement : Les photographies portant un astérisque ne correspondent pas aux noms indiqués.

Il n'y a que toi qui peux t'apporter l'amour dont tu as besoin, c'est le seul amour qui peut te faire sentir complet.

(Kenya, chatte, 2016)

Que ce soit dans nos relations de couple, d'amitié, etc, nous donnons souvent à l'autre et attendons de lui ce que nous n'arrivons pas à nous apporter à nous-mêmes. Lorsque nos attentes ne sont pas comblées par l'autre, nous nous sentons mal-aimés, nous ne nous sentons ni entendus ni accueillis. Un exemple concret : Je suis une personne me définissant comme « intègre ». Lorsque j'ai pris un engagement, je ne le romps pas et j'attends de mon partenaire, de mes amis le même comportement. Quand ceux-ci ne sont pas autant engagés que moi dans la relation, cela ne correspond pas à mes attentes, je peux me sentir « rejeté », « trahi », et donc ressentir des émotions désagréables telles que la colère et la tristesse. En observant ce qu'il se joue à l'intérieur de moi, je peux alors voir qu'en fait, dans de nombreuses situations, j'allais jusqu'au bout d'un engagement au sacrifice de ma propre intégrité, de ma propre vérité, je ne suivais pas mes ressentis profonds, j'étais simplement dans un concept mental. Je comprends alors qu'il n'y a que moi qui peux répondre à mes propres besoins. Je prends conscience que ce que j'attends de l'extérieur n'est que le reflet de ce que je ne me donne pas à l'intérieur.

Tant que nous sommes incapables de reconnaître notre valeur et de nous aimer inconditionnellement, ce que nous donne l'autre ne sera jamais suffisant. Nous sommes les seuls garants de notre bonheur. Ce bonheur vient en accueillant et aimant pleinement qui nous sommes, même les parts de nous qui nous semblent « imparfaites ». Dès aujourd'hui, prenez conscience des attentes que vous avez envers vos amis, votre conjoint(e), vos collègues. Demandez-vous ce qui est le plus important pour vous dans une relation ; de quoi avez-vous besoin ? Serait-ce quelque chose que vous ne vous donnez pas ? C'est en tournant votre énergie vers votre intérieur, en vous donnant l'amour que vous recherchez que la vie vous présentera ce que vous avez envie de vivre. Seulement, à ce moment-là, vous n'en aurez plus besoin. Le plein rencontrera le plein. Lorsque vous vous accueillez pour ce que vous êtes, les sensations de manque et de vide disparaissent, vous vous sentez pleins et complets.

La fin n'a pas d'importance, seul le chemin compte.
(Tifa*, rate, 2014)

Nous avons tendance à projeter que nous allons être heureux quand nous obtiendrons notre job de rêve, quand nous rencontrerons la « bonne » personne, quand nous atteindrons tel ou tel objectif, quand nous réussirons notre projet… et en attendant la vie passe. La vie, c'est là maintenant. Notre vie, notre chemin, n'est qu'une succession d'instants faits de rencontres, d'expériences, de ressentis, etc. Quand nous pensons que nous allons être heureux quand nous serons là-bas, nous ne sommes plus présents à ce qu'il se passe maintenant. Nous ne pouvons pas être à deux endroits à la fois. Or, maintenant est tout ce que nous avons. Le « là-bas » n'existe pas, ce n'est pas ce que nous sommes en train d'expérimenter à cet instant. D'autant plus, la vie étant imprévue, le « là-bas » n'existera jamais de la manière dont nous l'avons conçu.

Prenez plaisir, ayez de la joie à être sur le chemin et soyez présents à celui-ci. Prenez conscience qu'il n'existe que cet instant et que tout instant qui n'est pas vécu pleinement est perdu, le retour en arrière n'existe pas.

Redonne à l'autre sa responsabilité.
Ne veux pas pour les autres.
Accueille qu'ils font de leur mieux compte tenu de qui ils sont.

(Garou, cheval, 2014)

Lorsque nous prenons à l'autre sa responsabilité, nous le plaçons comme « victime », énergétiquement nous nous mettons « au-dessus » de lui. Enlever à l'autre sa responsabilité, c'est le dédouaner, c'est croire qu'il n'est en aucun cas le créateur de ce à quoi il est confronté. En lui rendant sa responsabilité, nous le plaçons au centre de son histoire. Cela ne signifie pas ne pas ressentir de l'empathie ou ne pas lui apporter notre aide s'il en a fait la demande. C'est le tenir à sa juste place dans la bienveillance. Nous sommes tous 100 % responsables de notre part.

Dans nos relations, nous espérons souvent « changer » l'autre afin qu'il soit plus ceci ou moins cela. Nous souhaitons que cette personne corresponde mieux à l'image que nous en avons, que notre relation corresponde mieux à ce que nous aimerions vivre. Nous ne pouvons changer l'autre, aucun bouton magique n'existe pour cela et bien heureusement. Si vous pouviez changer les personnes, avec qui vous êtes en lien, à votre guise, cela signifierait que celles-ci peuvent aussi vous changer sans que vous l'ayez demandé. Où est le juste là-dedans ? À chaque instant, nous ne pouvons qu'occuper notre propre place. Nous seuls choisissons de grandir, d'évoluer, de changer… ou pas. En modifiant notre propre vibration, automatiquement nous modifions les vibrations des êtres vivants qui nous côtoient car tout est en relation dans l'Univers. Lorsque nous sommes frustrés car nous attendons une modification du comportement de quelqu'un, l'important est d'accueillir nos frustrations et comprendre que cette personne fait du mieux qu'elle peut étant donné qui elle est. Chaque être humain agit toujours de son mieux étant donné son éducation, sa culture, ses expériences, ses ressentis, etc. En étant vraiment à la place de ces personnes, nous penserions, ressentirions et agirions exactement de la même manière. Maintenant, si cette relation est toxique pour vous, au lieu d'attendre que la personne change d'elle-même, peut-être que le meilleur choix pour vous est de partir. Accueillir ne veut pas dire rester. Vous seul êtes responsables de votre bonheur.

Connecte-toi aux arbres, aux étoiles, à la Terre, à nous.
Toutes les réponses sont dans l'Univers.
Il suffit d'observer, d'ouvrir tes yeux et ton cœur.
(Pixie, chatte, 2014)

Nous nous laissons tellement accaparer par le quotidien, par ce que nous pensons devoir faire, que nous ne ressentons plus notre connexion à la nature. Pourtant, nous faisons partie de la nature. Nous sommes le Tout s'expérimentant à travers notre forme. À chaque moment, en revenant à la présence que nous sommes, nous pouvons avoir accès à toute la connaissance. Être en présence, c'est être là pleinement maintenant. Être en présence, c'est être à l'écoute de tous nos sens. Être en présence, c'est aussi ne plus appréhender les limites de notre corps. Être en présence, c'est goûter au silence intérieur, cet espace immuable, permanent. Être en présence, c'est être tout simplement. En étant en présence, vous pouvez recevoir des messages, des réponses à vos questions qui vous guideront sur votre chemin. La vérité est en chaque étincelle de vie parce que chacune des parties composantes de la Vie contient le Tout. Nous sommes la vie, nous possédons en nous toutes les réponses. Il paraît difficile à croire que nous puissions avoir accès aux réponses que nous cherchons à chaque instant. Nous manquons tellement de confiance en notre valeur que nous validons avec davantage de facilité « la sagesse » d'une autre personne. Et si notre vraie peur n'était pas de ne pas arriver à accéder à la connaissance mais au contraire d'en avoir la capacité ?

Connectez-vous à vous-mêmes. Ayez confiance en vos ressentis. Reconnaissez votre lumière et vous obtiendrez les réponses que vous cherchez.

Ce que tu veux n'est pas toujours ce qui est le mieux pour toi.

(Lapinette, lapine, 2014)

Nous croyons souvent qu'obtenir ce que nous souhaitons est la meilleure option pour nous. Nous voulons réussir ce concours, avoir tel ou tel travail, rester avec cette personne… afin d'être enfin heureux, reconnus et aimés. Et si ce qui peut nous apparaître comme un échec, un drame n'était pas en fait l'opportunité qui nous libère, qui nous amène sur notre chemin, qui nous permet de nous rencontrer ? Nous n'avons aucune connaissance de ce que déclenchera, par la suite, un événement. À chaque instant, nous ne percevons qu'un aspect du film de notre vie « notre désir présent ». Lorsque nous voulons qu'un événement se déroule d'une certaine manière et que celui-ci se passe différemment de notre volonté, nous pouvons ressentir de la colère, de la tristesse (et toutes les émotions dérivées) en lien avec un sentiment d'injustice, de rejet ou d'autres blessures. Nous pouvons penser « cela n'aurait pas dû se passer comme cela », « cela devrait être autrement », etc. Nous résistons à ce qui est. Il est « OK » de ressentir des frustrations et il est d'ailleurs essentiel de les accueillir avec bienveillance. Mais ce qui est, est, et cela ne pourrait être autrement. Même si nous ne le percevons pas encore, sur un certain plan, « ce qui est » est le plus « juste » pour nous car la vie nous aime. Afin d'être davantage sereins, métamorphosez votre volonté en préférence et ayez conscience que le vivant vous aime, il vous apporte ce qui est le mieux pour vous.

Ne pose pas d'étiquettes, celles-ci entraînent le jugement de soi. Donne-toi davantage de liberté. Autorise-toi à être qui tu es. Agis hors cadre.

(Lune, chatte, 2015)

Nous avons l'art de nous mettre dans une « boîte » afin d'appartenir à un groupe pour éviter de nous sentir isolés. Ce besoin d'appartenance est tout à fait légitime, il est alimenté par nos peurs d'être rejetés, abandonnés, trahis… Être inclus dans un groupe nous donne le sentiment d'être aimés, de ne pas être seuls face à certaines difficultés de la vie. Coller des étiquettes sur soi comme « je suis une personne généreuse » « je suis écolo » « je suis… » permet de se rassurer car nous nous définissons. Mais que se passe-t-il, quand dans une situation à un temps T, nous n'avons pas pu faire preuve de cette générosité qui nous définit tant ? Que se passe-t-il si, là, maintenant, nous ne posons pas des actes en faveur de la protection de la planète ? Que se passe-t-il… ? Nous allons nous juger, nous mépriser, nous maltraiter en somme. Mais si, à ce moment-là, vous n'avez pas agi en accord avec telles ou telles étiquettes c'est sûrement qu'à cet instant donné vous avez nourri un autre de vos besoins. Si dans la rue vous avez dit « non » à une personne qui vous demandait de l'argent c'est peut-être qu'à ce moment-là vous aviez envie de vous faire plaisir avec cet argent en achetant une glace. Il n'y a pas de culpabilité à avoir. Lâchez-vous un peu. La vie est mouvement permanent. Ne vous enfermez pas dans des concepts. Revisitez qui vous avez envie d'être dans chaque situation. Ne niez pas vos besoins et émotions, ne vous niez pas afin de correspondre à une image que vous vous êtes donnée. Donnez-vous la liberté d'être.

Ne te contente pas de quelque chose d'entre deux.
Ne te satisfais pas de quelque chose de médiocre.
Tu as le droit de vivre le plein et l'abondance.
Libère-toi de tes relations toxiques qui te maintiennent dans tes peurs.
Rayonne pleinement.

(Simba, chat 2016)

Combien de fois dans notre vie nous contentons-nous d'une situation en attendant que quelque chose de meilleur vienne à nous ? « J'ai acheté cette table, ces chaussures, ce portable... en attendant de trouver quelque chose qui corresponde mieux à mon envie. » « Je continue mon travail actuel en attendant de tomber sur l'offre d'emploi qui me permettra d'accéder à un métier qui me passionnera. » « Je reste dans cette relation en attendant de rencontrer quelqu'un avec qui je pourrai réellement vibrer. » Lorsque notre contentement est en lien avec des biens matériels (une table, des chaussures, un portable), les conséquences ne sont pas dramatiques. Mais lorsque ce contentement touche un aspect primordial de notre vie, c'est là que nous « mourrons » à petit feu. Nous sommes comme la grenouille qui, mise dans de l'eau chauffée graduellement, n'aura pas l'instinct de sauter hors de la casserole et finira par mourir ébouillantée. Alors que cette même grenouille jetée dans de l'eau déjà bouillante aura tôt fait d'en sortir. Il en est de même pour nous. Si nous nous retrouvions d'un coup, d'un seul, dans la situation désagréable à laquelle nous sommes confrontés maintenant, nous en sortirions sans nous poser de question. Pourquoi restons-nous, parfois des années, dans des situations qui nous frustrent ? Principalement à cause de nos peurs, à cause de la croyance inconsciente que nous « méritons » cette situation. Vous avez le droit dès aujourd'hui de vivre ce que vous avez envie de vivre. Le « en attendant » n'a pas de date de péremption et vous empêche de vivre ce que vous êtes. N'attendez pas. Posez un premier pas dans la direction de ce que vous souhaitez vivre. C'est en émettant la bonne vibration que vous allez voir se manifester dans le vivant vos envies les plus profondes.

Ta peur n'est qu'une projection mentale de ce que tu connais déjà (passé) dans le futur.
Le futur n'est pas connu car il n'existe pas.
Il n'y a que maintenant.

(Jodh*, chienne, 2016)

Lorsque nous avons un projet en tête (examen, déménagement, entretien, réunion, rencontre), nous y associons un scénario et celui-ci est souvent désagréable. Nous avons peur d'échouer, peur d'être rejetés, peur de ne pas être appréciés, peur que cela se passe différemment de nos attentes, etc. Ces peurs causent en nous des déséquilibres traduits par du stress, de l'angoisse, de la tristesse... Il est certes important d'accueillir nos peurs mais il est essentiel d'observer que ces peurs ne sont que des projections. Ces peurs ne parlent en aucun cas d'une future réalité. Ces peurs nous parlent de quelque chose que nous avons expérimenté dans le passé. Notre mécanisme est de projeter notre expérience du passé dans un futur qui n'existe pas alors que nous n'expérimentons ni l'un ni l'autre dans le présent. Imaginons que vous ayez un entretien important dans une semaine. Vous allez concevoir différents scénarios. Ceux-ci vont créer chez vous du stress. Vous allez vous mettre sous pression car vous avez peur d'échouer, de ne pas être reconnus ou de ne pas valoir « assez ». Or cet entretien n'est pas ce que vous vivez là maintenant. Le stress que vous ressentez est en lien avec les projections que vous créez et non avec la réalité du présent. Combien de fois vous est-il arrivé d'angoisser à l'approche d'un événement alors que finalement celui-ci se passe de manière fluide ou alors ne se passe même pas ? À chaque instant, nous expérimentons seulement un bruit, un goût, un ressenti, un contact. Revenez au moment présent et observez que vos projections n'ont aucune réalité dans celui-ci. Vous serez alors davantage en paix et pleinement là, maintenant.

Lorsque tu fais des choix en opposition à un schéma familial/sociétal auquel tu ne veux pas correspondre, tu n'es pas dans ton pouvoir personnel. Agir « en opposition à » ce n'est pas être dans ce que tu souhaites vivre, ce n'est pas un réel choix, c'est un conditionnement. Que souhaites-tu pour toi ? Que souhaites-tu vivre ? Incarne-le !

(Bokou*, chatte, 2016)

Nous pensons souvent que le fait de suivre l'héritage familial ou les attentes de la société est un conditionnement alors que le fait de vouloir prendre un chemin opposé n'en est pas un. Ceci est faux. Dans les deux cas, nous faisons un choix en réaction à ce qu'il nous a été transmis. Nous ne faisons pas un choix en étant dans la pleine conscience de nos réelles envies. Un exemple concret : mon père est alcoolique, j'ai souffert de son alcoolisme étant enfant. En grandissant, je fais le choix de ne jamais boire de l'alcool même en soirée. Ce choix se base sur mon besoin de ne pas ressembler à mon père, sur ma peur de devenir une personne irresponsable comme lui, ce que je rejette. La source de ce choix est donc ma souffrance et non le vivant. Ce choix n'est donc pas libre. Peut-être qu'à cette soirée, j'avais envie de boire un verre de vin et cela n'a pas tant d'importance, puisque quoi que je fasse, je ne serai jamais mon père. Ce qui a de l'importance, c'est d'écouter le vivant en moi. Tant que nous ferons des choix « en réaction à » ou « en opposition à », nous ne serons pas à notre écoute, nous n'exprimerons pas qui nous sommes. Qui vous êtes n'est pas figé dans le temps. Vous êtes un être vivant et le vivant est en perpétuel changement. Exprimer qui vous êtes, c'est être en conscience de ce qui vous anime maintenant. Soyez libres de tout.

Tu rencontreras toujours des personnes
qui n'approuveront pas ce que tu fais.
En réalité, ce n'est pas toi qu'elles n'approuvent pas,
c'est l'image d'elles-mêmes que tu leur renvoies.
Affirme ton Unicité.

(Luna, chatte, 2016)

Nous avons tous éprouvé à un moment ou à un autre le besoin de répondre aux attentes de nos parents, nos amis, notre patron, nos collègues, etc. En répondant à leurs attentes, nous pensons que nous allons être aimés, accueillis, approuvés... Mais, bien souvent, cela n'est pas suffisant, ce n'est jamais « assez bien ». Il peut arriver aussi qu'au même moment où nous sommes approuvés par l'un, nous sommes désapprouvés par l'autre. Il apparaît alors difficile de correspondre aux attentes et envies de tout le monde. Pourtant, nous essayons quand même d'être validés au détriment de qui nous sommes, au détriment de nos aspirations profondes. Et si l'essentiel était seulement de se plaire à soi-même et de prendre conscience que nous sommes déjà approuvés par la vie puisque nous sommes vivants. Nous faisons partie d'un tout, l'autre n'est donc que le reflet de soi-même. Lorsque je n'apprécie pas quelque chose (comportements, actions, valeurs, défauts) chez quelqu'un, les questions à me poser sont les suivantes : qu'est-ce que je ne m'autorise pas là-dedans ? Quelle est ma lecture de ce quelque chose ? Qu'est-ce que cela vient chercher en moi ? Par exemple, lorsque je suis face à quelqu'un qui a un comportement que je juge « irresponsable », cela provoque de la colère chez moi, je n'approuve pas cette part de la personne. En allant voir ce qu'il y a au-delà, je me rends alors compte qu'il y a une certaine insouciance que je ne me permets pas, et que je gagnerais sûrement à l'être un peu plus. Il n'y a pas de hasard, il n'y a que des rendez-vous. Chaque rencontre nous montre ce que nous avons encore à travailler et inversement. Ne vous inquiétez donc pas du fait de ne pas être validés par les autres, cela ne vous appartient pas. Ce qui vous appartient dès aujourd'hui c'est de vous accepter pleinement et de ne plus poser d'actes qui vous éloignent de vous-mêmes.

Le vrai courage n'est pas l'absence de peur.
Le vrai courage c'est accueillir, identifier tes peurs et les dépasser.
(Caline, chatte, 2015)

Lorsque nous pensons à l'idéal d'une personne courageuse, il nous vient souvent en tête l'image du héros sans peur ni reproche, un héros qui est capable de braver toutes les tempêtes sans se poser de questions. Mais est-ce réellement du courage si l'action posée ne demande aucun effort de notre part ? Ne serait-ce pas plutôt une forme d'insouciance voire d'indifférence face à notre vie ? La peur est une émotion instinctive qui nous informe d'un danger qui peut mettre en péril notre vie. De nos jours, nous nous retrouvons dans très peu de situations où il existe un danger réel de mort. Pourtant, la peur est une émotion que nous connaissons bien et que nous pouvons ressentir régulièrement. Nous la ressentons sous la forme de stress, d'angoisses... Ces peurs nous parlent des moments où en tant qu'enfant nous ne nous sommes pas sentis en sécurité. Ces peurs nous parlent des attentes que nos parents ont fait peser sur nous inconsciemment ou consciemment. Ces peurs nous parlent surtout de nos blessures intérieures : celle de la trahison, du rejet, de l'abandon, de l'humiliation et/ou celle de l'injustice. Lorsque nous sommes dans une situation où nous avons un acte à poser, un choix à faire et que nous ressentons de l'angoisse, il est essentiel d'aller regarder en soi quelle blessure cette situation vient chercher. Par exemple, je suis en couple et j'aimerais que certaines choses évoluent dans la relation. Je peux avoir peur qu'en exprimant mes ressentis, en prenant ma place dans cette relation, cela ne convienne pas à l'autre et que celui-ci m'aime moins, décide de quitter la relation ou encore de ne pas répondre à mon besoin. Je préfère donc ne rien dire et continuer une relation qui ne me correspond plus. Être courageux ici, serait d'accueillir mon angoisse, d'identifier que cette peur est celle du rejet et de comprendre qu'en n'exprimant pas mes besoins, je me rejette tout seul. Je me retrouve donc exactement face à ce que j'évite de vivre. C'est en percevant mon mécanisme que je peux alors le dépasser.

Soyez à l'écoute de votre peur. Mettez de l'amour sur votre blessure. C'est en comprenant que la situation à laquelle vous faites face ne met pas en jeu votre survie que vous pourrez vous libérer et la traverser avec courage.

Le fait de se satisfaire de quelque chose car tu as la croyance que tu ne mérites pas plus et que tu ne peux pas tout avoir, c'est être séparé du tout, c'est s'aimer conditionnellement. La réelle satisfaction c'est lorsque tu t'aimes pleinement, lorsque tu accueilles pleinement tout ce qui est.

(Altair, cheval, 2016)

Il est amusant de voir comment deux mots, ayant la même racine, ici « se satisfaire » et « satisfaction », peuvent prendre leur source dans deux énergies complètement différentes. Je m'explique. Lorsque nous nous satisfaisons de quelque chose, nous considérons que cette chose est suffisante bien que celle-ci ne corresponde pas à nos réels besoins. Ceci serait « OK » si cette satisfaction provenait d'un accueil à bras ouverts de ce qui est. Or bien souvent, se satisfaire signifie que nous acceptons par dépit. Nous pensons que nous ne sommes pas suffisamment bien pour être aimés par la vie et donc, que, quelque part, nous méritons cette situation. Nous voyons alors que l'action de « se satisfaire » prend sa source dans notre manque : le manque d'amour de soi, le manque de confiance dans le vivant, le manque de conscience dans l'abondance de la vie.... Lorsque je suis dans un état de satisfaction profonde, je ressens un intense bien-être. Je me sens à ma juste place, je me sens relié au monde, à moi-même et surtout à la vie. Je suis apaisé, joyeux et présent. Il est vrai qu'il peut paraître plus « facile » de ressentir cette satisfaction lorsque nous vivons une situation agréable, lorsque nos besoins sont remplis. Par contre, il est faux de croire que, pour atteindre un état de satisfaction, ces critères sont essentiels. Pour accéder à cet état d'être en toutes circonstances, allez visiter en vous l'espace silencieux et immuable qui est là à chaque instant. Asseyez-vous. Fermez les yeux. Soyez présents à votre respiration. Prenez conscience de votre corps et de chaque point de contact. Ressentez l'amour qui vous habite. Vous faites partie du Tout.

Sois conscient que tout disparaîtra.
Chéris chaque instant de ta vie.
(Tao*, chat, 2015)

Pris dans le perpétuel mouvement de la vie, happés dans la croyance que nous avons toujours à faire, accaparés par des soucis dont nous sommes le créateur, nous oublions qu'à chaque instant tout peut prendre fin. Il est regrettable d'attendre de perdre son travail, sa maison, un objet qui nous est cher pour réaliser que nous avons jamais été présents à la joie que cela nous procurait. Il est fort dommage d'attendre d'être malades, d'être accidentés, de perdre une personne proche pour prendre conscience que la vie est un joyau. Nous vivons comme si tout était acquis. Nous vivons comme si chaque chose était normale. Cela ne l'est en aucun cas. Le temps n'est pas figé. La vie est un mouvement constant. Tout est amené à changer de forme. Il n'existe pas un instant ressemblant à un autre. Chaque moment, où nous ne sommes pas présents à ce qui est, est un moment qui n'est pas pleinement vécu. Prenez cinq minutes pour fermer les yeux. Centrez-vous sur votre respiration. Prenez conscience des objets, des personnes qui sont dans la pièce. Focalisez votre attention sur chaque chose, l'une après l'autre, en réalisant qu'un jour elles ne seront plus. Revenez en votre centre, sentez la présence qui vous habite. Prenez conscience qu'à cet instant vous êtes en vie et ressentez profondément la joie que cela procure. À partir d'aujourd'hui, ayez de la gratitude pour tout ce que vous avez et vivez au quotidien. Bien que vous puissiez ressentir des émotions désagréables, le fait de les ressentir est la preuve que vous êtes en vie !

La vie est un terrain de jeu.
Tout est toujours différent.
Il n'existe pas de moment ordinaire.
Émerveillez-vous !

(Milky, chatte, 2015)

Notre vie se résume à un instant puis un instant puis un instant. Aucun de ces instants ne peut être répété. Bien que nous considérions souvent que nous faisons des choses répétitives, il n'en est rien. C'est seulement que nous ne prêtons pas suffisamment attention à ce qu'il se passe autour de nous et en nous. Nous ne sommes pas présents à la vie. Nous agissons automatiquement par habitudes et c'est ainsi que nous percevons notre vie comme monotone. Par exemple, tous les matins je prends « exactement » le même trajet pour aller au travail. À force, je me lasse, je ne prends plus de plaisir à me déplacer au travail. Je vis ce trajet comme banal et rien que l'idée de devoir le reparcourir chaque matin et soir me pèse. Si je prenais conscience que refaire exactement le même trajet est une illusion de mon esprit, je vivrais les choses comme une aventure. Si je changeais ma perception de mon expérience, je serais davantage joyeux et émerveillé par la vie. Le même trajet n'existe pas. À chaque fois que je conduis, mon état d'esprit est différent. Sur ce trajet, les voitures que je croise, la météo, les arbres, les plantes, les personnes qui marchent... ne sont pas les mêmes. Le médiocre, l'ordinaire, la monotonie, la normalité... existent seulement dans notre perception. Ces mots-là ne dépeignent en rien la réalité du vivant. La vie est une extraordinaire expérience dans chacun de ses instants. Savourez son extraordinaireté. Réjouissez-vous de chaque expérimentation. Rappelez-vous lorsque vous avez l'impression de vivre quelque chose de répétitif que c'est la première fois que vous faites cela pour la deuxième fois, la première fois que vous faites cela pour la dixième fois, etc.

Tu n'as pas besoin de te définir, se définir c'est se limiter, limiter les possibles de la vie.
Tu es le tout avec un potentiel illimité.

(Canaille, chien, 2014)

Tout au long de notre vie, nous sommes souvent confrontés à la question « Qui es-tu ? / Qui sommes-nous ? ». Cette question peut être posée dans le cadre scolaire, dans le cadre du travail, dans le cadre amical et amoureux, par des professeurs, par des employeurs, par des inconnus, par un amant et surtout par soi-même. La réponse « je ne sais pas » ne paraît pas admissible car nous serions alors perçus comme des personnes manquant d'ancrage, de stabilité, d'objectifs, etc. Cette réponse est déstabilisante pour notre interlocuteur et pour nous-mêmes car elle ne répond pas à nos besoins de sécurité, de conformité et de cadre. Nous répondons donc en nous cantonnant à des étiquettes « je suis la mère de… » « je suis la fille de… » « je travaille dans… » « je fais… » « j'aime… ». Ces étiquettes nous limitent et ne parlent pas de nous. Pire : elles nous contraignent en nous demandant de répondre aux projections posées par les autres. Nous pouvons tout à fait avoir le même travail et ne pas être animés par la même conscience pendant que nous le pratiquons. Qui peut vraiment affirmer qu'il est le même individu qu'il y a 3 ans voire même qu'il y a 2 mois et qu'il sera le même individu dans 3 ans ? Personne. Nous sommes des êtres habités par un élan de vie qui est en constant mouvement, rien n'est figé. La réponse « je ne sais pas » prend alors tout son sens. Et dans le fond, cette question n'a pas d'importance. Ce qui est important c'est de prendre conscience de ce qui nous habite là, maintenant : quelles sont nos envies, nos aspirations profondes, nos manques, nos peurs… ?

Vous êtes l'espace d'accueil du vivant. Soyez à l'écoute. Libérez-vous de tous ces conditionnements et étiquettes. C'est en vous fichant la paix que de nouveaux possibles prendront forme.

Il n'est jamais trop tard pour être heureux.
Il faut simplement choisir de l'être.
(Caline, chatte, 2014)

La recherche du bonheur est la quête spirituelle la plus répandue parmi nous. Afin de le trouver, nous allons nous diriger vers des thérapeutes, des psychologues, des chamanes, etc. Nous allons aussi lire des quantités astronomiques de théories, philosophies, livres expliquant les différents mécanismes nous permettant de l'atteindre. Mais (malheureusement) bien que nous réussissions nos objectifs de vie, bien que nous méditions pendant des années, bien que nous ayons tout ce qui comble nos besoins, nous ne sommes pas heureux. À partir du moment où nous sommes en quête c'est que nous cherchons la réponse à l'extérieur de nous. Et si le bonheur n'était pas quelque chose à atteindre ? Et si le bonheur était un processus interne dépendant seulement de nous ? Et si le bonheur était quelque chose de tout simple accessible à chaque instant ? Cela serait trop facile, pensons-nous, car nous avons la croyance que nous devons le mériter. En témoignent des pensées ou des croyances inconscientes selon lesquelles « je ne suis pas suffisamment bien », « je ne vaux pas assez », « je devrais faire ceci, cela », pour vivre le bonheur. Mais aux yeux de qui ? Personne n'a le pouvoir de nous donner de la valeur ou de nous en enlever, pas même nos propres parents. Tout est une question de regard sur soi. Être heureux ce n'est pas ne pas ressentir des émotions désagréables telles que la tristesse, la colère ou la peur. Être heureux c'est accueillir pleinement qui nous sommes et accueillir pleinement ce qui est. C'est un état interne paisible et joyeux auquel peuvent parfois se superposer d'autres émotions.

Prenez conscience que vous faites de votre mieux à chaque instant. Prenez conscience que la vie n'est pas une course où il y a quelque chose à atteindre. La vie c'est ce que vous expérimentez à chaque instant. Accueillez les choses telles qu'elles sont. Prenez conscience que vous n'avez aucun pouvoir sur celles-ci. Cessez de résister à ce qu'il se passe, c'est ainsi que vous serez heureux.

L'essentiel c'est ce que nous souhaitons être ensemble.
(Garou, cheval, 2014)

Un grand nombre d'entre nous sommes dans des relations souffrantes, que celles-ci soient de forme intime, amicale, et/ou familiale. Ces différentes relations sont déséquilibrées et malheureuses pour diverses raisons. Par exemple, nous projetons sur l'autre nos peurs et nos blessures en pensant que c'est à lui de réparer ce que nous n'avons pas reçu de nos parents. Nous voulons aussi de l'autre qu'il réponde à nos attentes (besoins, envies, etc) et ainsi nous le désignons responsable de notre bonheur. De ces projections posées sur l'autre bout de la relation vont découler des comportements, des réactions allant de la frustration à l'agressivité en passant par des reproches et autres. L'autre ne pourra jamais nous combler, il n'est pas là pour ça. La relation est un espace de travail sur soi. L'autre est le miroir de ce que nous avons encore à travailler chez nous, il est l'espace où nous nous rencontrons nous-mêmes. Bien entendu, nos besoins d'être aimés, soutenus et entendus sont légitimes. Mais, lorsque nous sentons qu'une situation est en train de s'envenimer, lorsque nous pensons respectivement que l'autre en est le coupable, posons-nous cette question : voulons-nous être heureux ou avoir raison ? Il est essentiel de prendre un temps de recul pour prendre conscience que chacun d'entre nous depuis son espace a raison. Nous avons chacun raison d'agir comme nous agissons compte tenu de notre éducation, notre histoire, nos blessures, etc. Nous faisons de notre mieux à chaque instant.

Lorsque la situation devient conflictuelle, demandez-vous ce que vous souhaitez incarner. Souhaitez-vous être aigris, rancuniers, égoïstes et agressifs ? Ou souhaitez-vous être compatissants, sincères, accueillants et généreux ? Souhaitez-vous l'un et l'autre continuer à vivre une relation souffrante ? Ou préférez-vous vivre une relation saine et aimante ? Retrouvez l'endroit où vous éprouvez de la joie à être ensemble. Favorisez la qualité de la relation avant tout.

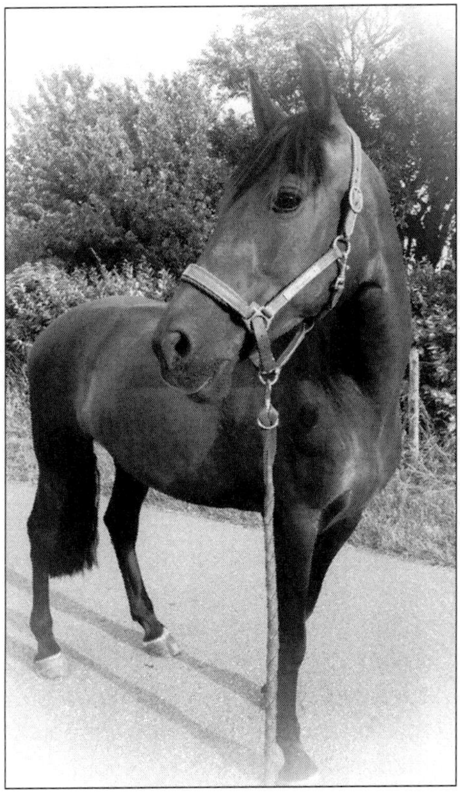

Il n'y a que toi qui puisses te donner ta valeur.
(Sangria, jument, 2015)

Nous sommes nombreux à souffrir d'un manque de confiance en nous, d'un manque de considération de notre valeur. Nous croyons que nous ne sommes pas suffisamment bien pour rencontrer quelqu'un, pas suffisamment méritants pour obtenir un travail qui nous plaît, pas suffisamment valables pour être aimés par nos parents, etc. Ces différentes croyances nous poussent à chercher désespérément la reconnaissance de notre valeur à l'extérieur de nous au travers du regard de l'autre. Cette recherche peut prendre la forme de la soumission ou de la rébellion. Par exemple, si je suis en couple je vais tenter de répondre à tous les désirs de l'autre afin qu'il reconnaisse ma valeur et ne me rejette pas. Quand quelque chose ne me convient pas dans ma relation, je ne vais pas le formuler et, en faisant cela, je ne me respecte pas. En agissant de la sorte, je donne mon pouvoir à l'autre. En allant dans son sens, j'ai l'illusion d'être approuvé mais c'est une soumission. Concernant l'énergie de rébellion, par exemple, je décide de mettre en place différents projets, je travaille d'arrache-pied au succès de ceux-ci afin de montrer au monde entier ma valeur à côté de laquelle certaines personnes, d'ailleurs, sont passées. Encore une fois, je donne mon pouvoir à l'autre, j'accorde de l'importance à son regard. Bien entendu, il est agréable que des personnes soient fières de nous mais il est essentiel d'agir pour nous et non pour obtenir leur approbation. Tant que nous œuvrons en fonction de l'extérieur, nous ne serons jamais comblés. Qui est assez bon juge pour reconnaître notre valeur si ce n'est nous-mêmes ?

Il n'y a personne d'autre comme vous. Vous êtes uniques et c'est en cela que réside votre valeur. Reconnaissez-vous. Ne donnez à personne le pouvoir de vous soumettre ou de vous rebeller. Quant à la vie, elle n'a ni pour vocation de vous punir, ni pour vocation de vous récompenser, elle est ce qu'elle est. Vous avez déjà été validés par la vie puisque vous êtes vivants. Accueillez et chérissez votre unicité.

Les envies sont l'élan du vivant, c'est ce qui est présent, c'est ce qui est avant toute pensée, c'est l'âme qui communique. Écouter ses envies, c'est être en vie !

(Milky, chatte, 2015)

Se poser la question « quelles sont mes envies ? » c'est se poser la question « qu'est-ce que j'aimerais vivre profondément ? », « qu'est ce qui m'anime ? ». Nos envies surgissent. Elles sont généralement sans filtres car elles ne sont pas limitées par nos peurs ou par nos croyances selon lesquelles, par exemple, certaines choses sont inaccessibles ou impossibles. Nos envies nous parlent de notre être profond, de nos besoins en tant qu'individus, de nos aspirations. Lorsque nous étions enfants, il était naturel pour nous de répondre à nos envies dès qu'elles apparaissaient. En grandissant, nous nous sommes réfugiés derrière les croyances « il faut faire ceci/cela », « je devrais réaliser ceci/cela », « je ne devrais pas faire ceci/cela ». En faisant cela, nous nous sommes coupés de l'élan de vie, nous nous sommes déconnectés de nous-mêmes. Par exemple, j'ai l'envie profonde de développer mes créations artistiques afin de vivre de ma passion un jour. Mais, je me dis qu'il faut avoir un travail considéré « sérieux », que je devrais gagner davantage d'argent, que tout ça ce sont des rêves, etc. Ces pensées me parlent de mes peurs, elles ne me parlent en aucun cas de ce qui est bon et juste pour moi. En choisissant d'être dirigé par mes peurs, je me mets une fois de plus entre parenthèses, je n'exprime pas l'être que je suis. Les années passant, je ne me sens pas à ma place, je deviens résigné. Et si j'avais choisi d'écouter mes élans profonds et si j'avais cru en moi, que ce serait-il passé ? Une chose est sûre je serais en accord avec mon être donc je serais en vie !

Dès maintenant, demandez-vous si la vie que vous vivez est celle que vous avez réellement envie de vivre. Demandez-vous si les choix que vous avez faits vous ont fait vibrer. Posez-vous la question : de quoi ai-je envie aujourd'hui ? Écoutez-vous, ainsi vous ferez des pas qui vous rapprocheront de qui vous êtes.

Il n'y a pas d'échec, il n'y a que des expériences.
(Bandi*, chat, 2014)

Le propre de l'être humain est de juger chaque événement en termes de positif ou négatif, en termes de réussite ou d'échec. Au-delà de juger l'événement, nous associons notre valeur à celui-ci. Par exemple, je viens d'apprendre que j'ai réussi mon diplôme. Naturellement, cela va me procurer de la joie car cette « réussite » vient nourrir mon besoin de reconnaissance. Automatiquement, je m'estime, je me sens suffisamment valable pour être aimé. Si je n'avais pas obtenu mon diplôme, j'aurai ressenti de la tristesse, de la colère. Je penserais que je ne suis pas suffisamment ceci, que je peux m'aimer moins, voire me rejeter. Dans les deux cas, tout ce que je peux dire en réalité c'est que « j'ai obtenu mon diplôme » ou que « je n'ai pas obtenu mon diplôme ». Tout le reste n'est que jugement sur soi. Et si nous sortions de cette vision binaire des événements ? À ce moment, nous pourrions voir la situation pour ce qu'elle est : le vivant en train de s'expérimenter à travers nous. La vie nous met face à ce qui est le mieux pour nous. En ce sens il n'y a ni échec, ni réussite, il y a seulement ce qui est. En construisant notre solidité intérieure, en ayant conscience de notre valeur, nous ne sommes plus tributaires des événements. Nous accompagnons le vivant dans son mouvement avec confiance et légèreté. Nous savons que notre valeur n'a aucun rapport avec ce qui « arrive ». Nous vivons alors chaque situation comme une expérience, comme un nouvel apprentissage. Nous sortons du schéma d'auto-flagellation et nous allons vers un plein accueil de qui nous sommes.

Prenez conscience de la vie qui circule en vous. Prenez conscience que vous êtes le vivant. Accompagnez l'expérience de la vie. Vous n'avez rien à prouver. Vous êtes et cela est suffisant.

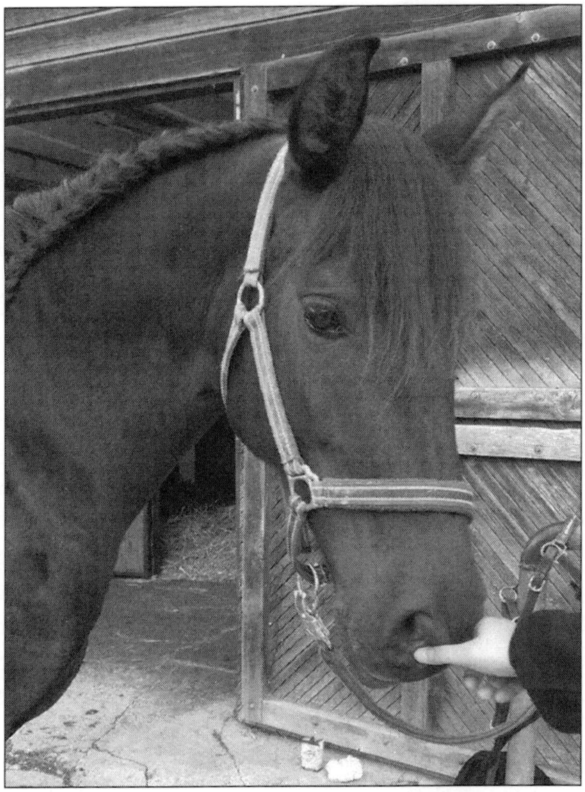

Fais le choix d'être en relation avec des personnes qui t'estiment, qui t'aiment pour qui tu es, qui aiment chaque partie de toi. N'accepte pas moins que cela par peur d'être rejeté.e, par peur d'être seul.e

(Sangria, jument, 2016)

Nous avons tous le besoin d'être aimés et le besoin d'aimer. Nous avons chacun le besoin d'établir des relations, après tout nous sommes une espèce grégaire. Mais est-il sain et bénéfique pour nous d'être dans une relation où nous ne sommes pas respectés, où nous ne nous respectons pas ? Est-il juste d'être dans une relation où nous nous sur-adaptons à l'autre, où nous ne sommes pas pleinement qui nous sommes ? Nous acceptons d'être dans ces différentes relations « déséquilibrées » car nous sommes dirigés par nos peurs. Nous avons bien souvent peur de ne pas être suffisamment valables pour être aimés. Nous avons peur d'être rejetés, d'être abandonnés, d'être trahis... Pour éviter de vivre cela, nous mettons des masques. Par exemple, je suis dans une nouvelle relation de couple. J'ai le besoin de communiquer régulièrement avec l'autre. Mais par peur de sembler trop « envahissant » et donc par peur d'être rejeté, je vais m'adapter au rythme de l'autre. Je ne réponds donc pas à mes vrais besoins. Je fais semblant d'être une personne que je ne suis pas. Je rejette qui je suis. J'ai beau me sur-adapter la relation finira tôt ou tard par se terminer. Et si, dès le départ, nous faisions le choix d'être dans des relations où nous n'avons pas à mentir ? Si nous faisions le choix de nous respecter et de nous aimer pleinement ? Nous serions alors dans des relations où l'autre nous respecte et nous aime pleinement pour qui nous sommes réellement. Nous aurions une relation saine, équilibrée, sans faux-semblants, bienveillante... Nous serions dans une vraie relation. Nous n'avons pas à accepter moins que cela.

Observez les relations que vous entretenez. Demandez-vous si vous vous autorisez à être pleinement qui vous êtes avec ces personnes. Regardez si ces relations vous apportent de la joie. Vous sentez-vous aimés en totalité ? Vous sentez-vous estimés ? Pouvez-vous être qui vous êtes ? Il est temps de sortir des relations toxiques. Il est temps d'aller vers des relations qui vous nourrissent et vous correspondent. Vous avez de la valeur. Vous êtes un joyau. Reconnaissez-vous. Aimez-vous. Prenez conscience que les relations harmonieuses, saines, joyeuses, sont un possible que vous pouvez vivre.

Sois qui tu es.
Deviens qui tu veux être.
(Chatbus*, chat, 2014)

Nous pourrions penser que pour être qui nous sommes nous avons besoin de répondre à la question « Qui sommes-nous » ou « Qui suis-je ? ». Pour moi, l'un n'implique pas l'autre. Nous n'avons pas besoin de nous ranger derrière des étiquettes pour être qui nous sommes. Incarner qui nous sommes implique seulement d'être à notre écoute. Cela suppose de prendre conscience de nos émotions, de nos sentiments, de nos élans et de notre énergie avant de poser une action. C'est en étant à notre écoute que nous pouvons faire ce qui est juste pour nous. Lorsque nous réalisons ce qui est juste pour nous, nous nous respectons, nous nous considérons. Ce sont des actes d'amour envers nous-mêmes. Si nous ne sommes pas nous-mêmes, qui pourrait l'être à notre place ? Personne. Le monde a besoin de nous. S'écouter, c'est également prendre conscience de nos aspirations, de nos rêves, de nos désirs. Ceux-ci nous parlent de ce que nous aimerions voir prendre forme dans notre vie, de ce que nous souhaiterions voir naître dans le monde. Nous sommes des êtres créateurs, nous avons la capacité de créer notre propre chemin. Pour cela, il suffit dès aujourd'hui de faire des pas qui nous rapprochent de ce que nous voulons devenir, de ce que nous voulons vivre. Nous sommes des êtres vibratoires. Le monde nous répond par rapport aux vibrations que nous émettons. En incarnant qui nous sommes, en agissant par amour et non pas peur, le monde nous renverra nos propres vibrations. Plus celles-ci seront claires et alignées, plus nous vivrons ce que nous avons envie de vivre.

Incarnez dès maintenant qui vous êtes. Croyez en votre pouvoir créateur. Demandez-vous si les actes que vous posez aujourd'hui sont alignés avec ce que vous souhaitez devenir. Clarifiez. Écoutez. Soyez. Vivez et Devenez.

Le seul engagement que tu as c'est vis-à-vis de toi-même. Personne ne peut t'obliger à faire quelque chose, il n'y a que toi qui peux t'imposer cela. L'idée est d'être toujours fidèle à soi-même.

(Grisou, chat, 2016)

Nous sommes des êtres responsables. Lorsque nous pensons que l'autre est l'artisan de notre malheur, nous nous plaçons comme victimes de la situation. Nous avons donné notre pouvoir à l'autre. Hormis des cas extrêmes impliquant entre autres la torture ou une violence importante, nous sommes face à cette situation car nous avons donné notre autorisation dans une certaine mesure.

Peu importe la situation, nous ne sommes toujours face qu'à nous-mêmes. Nous sommes face à ce que nous ne nous autorisons pas, nous sommes face à ce que nous rejetons chez nous. L'autre est là seulement pour mettre en lumière notre positionnement. Il n'est pas possible de vous imposer une situation à moins que vous en donniez votre accord. Il est parfois difficile de quitter une relation toxique car nous avons l'illusion d'avoir un engagement envers la personne, que ce soit dans le cadre du travail, dans le cadre familial ou dans celui du couple. Par exemple, je viens d'accepter un poste pour une durée d'un an. Au bout de quelques semaines, mon chef commence à me harceler moralement (travail trop important, remarques déplacées, etc). Cela dure. Je me sens obligé de rester car lors de l'entretien j'avais signalé que je ne partirai pas avant la fin du contrat et que je suis quelqu'un de parole. En plus de ne pas être respecté par ma hiérarchie, je ne me respecte pas. Je ne me soutiens pas, je me rends malheureux. Si nous ne sommes pas notre propre soutien, qui le sera ? Si notre premier engagement n'est pas envers nous-mêmes, qui sera là pour le faire pour nous ? Il est beau de vouloir être quelqu'un qui fait ce qu'il dit mais la première fidélité ne devrait-elle pas être envers soi ? Si le jeu a changé entre le moment où nous nous sommes engagés et le moment présent, il serait intelligent d'en adapter les règles. Les paroles que nous prononçons sont vraies au moment où nous les disons compte tenu de notre connaissance des éléments à l'instant T. Être fidèles à soi ce n'est pas être malhonnête, c'est au contraire la plus grande honnêteté envers soi car cela implique de se respecter. L'important est de toujours communiquer notre intention avant de poser des actes qui pourraient « heurter » l'autre.

Dès maintenant, faites-vous la promesse de vous respecter et de vous écouter avant tout. Promettez-vous de ne pas être fidèles à quelqu'un au détriment de la fidélité à vous-mêmes. Soyez juste envers vous-mêmes. N'oubliez pas que communiquer c'est se respecter soi et respecter l'autre.

La vie c'est le mouvement. La vie c'est le changement. Ne pas l'accepter ainsi c'est mourir avant l'heure.

(Cannelle*, chatte, 2014)

Comme tout être vivant, comme toutes choses sur terre, notre passage dans la matière a un début et une fin. Tout est éphémère. Le principe même de la vie c'est la perpétuelle action, c'est le perpétuel renouveau. Rien n'est permanent, si ce n'est le changement. Nous avons tous connaissance de cela, c'est le socle de notre condition d'être humain et pourtant nous sommes impactés émotionnellement lorsqu'un changement survient dans notre vie. Pourquoi résistons-nous tant au changement ? Pourquoi nous accrochons-nous tellement aux choses que nous savons pourtant éphémères ? Pourquoi leur donner tant de pouvoir ? Lorsque notre situation vient à se modifier, nous avons tendance à nous accrocher à nos anciens schémas et à refuser la vie comme elle se présente. Bien entendu, certains changements dans notre vie ne sont pas évidents à traverser, ils peuvent provoquer chez nous de la colère, de la tristesse, de la peur. Mais résister à ce mouvement de la vie, c'est créer en nous des frustrations, c'est créer un déchirement entre la vie et nous. Nous recherchons dans notre vie à créer de la stabilité afin de nous sentir en sécurité. Cette sécurité illusoire nous procure le sentiment d'être protégés et ainsi d'éviter la « mort ». Le besoin de protection est l'un des besoins fondamentaux de l'être humain, il y va de notre survie. Ceci dit, nous ne pouvons lutter contre le principe même de la vie qui est l'impermanence. La meilleure sécurité serait donc peut-être de lâcher prise, de s'abandonner pleinement à la vie et d'accompagner son mouvement.

Prenez conscience que les changements qui se produisent dans votre vie ne sont ni bons ni mauvais, ils sont simplement. Ne soyez pas figés, soyez le mouvement. Créez une sécurité interne et non une sécurité externe. Vous êtes la vie, vous êtes vivants. Prenez plaisir à voir le spectacle de la vie se dérouler et jouez avec elle !

Fais des choix par amour et non par peur.
(Kikie*, chatte, 2014)

Nous pouvons être animés par deux énergies : celle de la peur et celle de l'amour. La peur est en lien avec notre instinct de survie. Elle nous parle de notre besoin de sécurité, de notre besoin d'être aimés, de notre besoin d'être reconnus, etc. En résumé, elle nous parle de nos besoins non comblés. La peur prend sa source dans le manque. La peur est une énergie qui nous fait rester dans des situations qui ne nous conviennent pas et où nous ne nous respectons pas. Par exemple, je suis en couple depuis plusieurs mois avec une personne que j'affectionne mais pour qui je n'éprouve pas d'amour. Je me satisfais de cette relation car elle répond à mon besoin de sécurité. Je ne crois pas que je pourrais obtenir une relation davantage épanouissante car je n'ai pas suffisamment de considération envers moi-même. Je reste dans cette relation inconsciemment par peur de ne pas expérimenter la relation qui me correspond réellement. Et si je décidais dès aujourd'hui de m'aimer et de m'accueillir pleinement pour qui je suis ? Et si je m'autorisais à vivre ce que j'ai envie de vivre par amour pour moi ? J'expérimenterais alors des relations et des situations qui correspondent à mes aspirations profondes. Je serais animé par de l'amour pour moi et pour la vie. L'amour prend sa source dans le plein. Cette énergie nous parle de notre être véritable. Elle nous permet de vivre en connexion avec nos envies et nos aspirations. Lorsque nous sommes animés par l'énergie d'amour, nous ressentons de la joie, du plaisir, de la satisfaction car nous sommes en accord avec nous-mêmes. Les choses se mettent en place avec fluidité et légèreté sans effort car nous avons trouvé notre place. Nous nous autorisons et nous nous écoutons.

Prenez conscience de votre valeur. Accueillez-vous pleinement. Promettez-vous dès aujourd'hui de faire des choix en accord avec vos aspirations profondes. Accueillez vos peurs mais ne vous laissez pas diriger par elles. Vos peurs sont là pour être dépassées. Autorisez-vous à vivre ce que vous souhaitez vivre, personne ne le fera pour vous.

La relation disparaît peut-être à la mort mais le lien ne se perd jamais.

(Cannelle*, chatte 2014)

Chaque individu sur terre est confronté au départ d'un être aimé. Cela peut être un ami, une amie, un parent, un conjoint, une conjointe, un animal... et malheureusement parfois un enfant. Lorsque nous ressentons de l'amour pour un être, son départ est un passage qui est difficile à vivre. Nous pouvons éprouver de la colère, de la tristesse, de la peur... Nous pouvons nous sentir abandonnés, trahis, bafoués, victimes d'une injustice ou punis par la vie. Ces émotions et sentiments sont naturels. Il est important de les accueillir et de leur donner la parole. Lorsqu'un être aimé part, tout ce que nous avions construit autour de lui s'écroule. L'autre n'est plus là pour rendre la relation vivante, celle-ci cesse d'exister. Bien que nous ayons plusieurs amis, bien que nous adoptions un nouvel animal, bien que nos autres grands-parents soient toujours présents, la relation entretenue avec l'individu parti ne pourra être vécue à un autre endroit. Chaque relation est unique, les deux êtres la composant l'étant. Au-delà d'un « partage » d'activités, d'une présence, ce qui unit deux personnes est un lien d'amour. Lorsqu'un être part, l'amour qui nous lie à lui est toujours présent. Cet amour est encore ressenti et vécu. Cet amour reste vivant à travers nous.

Lorsque vous vivez la perte d'un être cher, portez votre attention sur le lien qui vous unit. Vivez l'amour que vous ressentez pour lui. Remémorez-vous les instants vécus ensemble qui vous ont apporté de la joie, de la sérénité, un sentiment de complétude. En vous connectant à l'amour qui vous unit, vous vous connectez à l'être parti. Vous réalisez alors qu'il n'est jamais parti, qu'il est toujours présent à vos côtés. Cet être cher est toujours là, vivant dans l'amour que vous lui portez. Vous ne serez jamais seuls, vous savez qu'il vous accompagne.

Tu as le droit à l'abondance dans tous les domaines de ta vie.
La vie c'est le plein.
(Altaïr, cheval, 2016)

Nous sommes nombreux à avoir entendu en grandissant le fameux dicton « on ne peut avoir le beurre et l'argent du beurre ». Nous avons été conditionnés à croire que nous ne pouvons pas tout avoir dans la vie, c'est-à-dire que nous ne pouvons pas être à la fois en bonne santé, heureux en amour, confortables financièrement, bien dans notre travail… et dans le cas rare où nous avons tout, cela ne va pas durer. Mais pourquoi ne pourrions-nous pas expérimenter l'abondance dans tous les domaines ? Pourquoi nous pensons-nous limités ? Pourquoi nous croyons-nous ne pas mériter de vivre la plénitude ? Toutes ces croyances découlent de nos blessures (trahison, rejet, abandon, humiliation, injustice) et des jugements que nous posons sur nous-mêmes. Nous ne nous percevons pas suffisamment bien pour être aimés par la vie, pour mériter d'être heureux et comblés. Tout ceci n'est que projection. La vie ne pose pas d'étiquettes de méritant ou de puni. La vie est tout simplement. La vie ne manque de rien, elle est complète à chaque instant. Nous avons le droit d'expérimenter le plein et l'abondance. Nous faisons partie de la vie. Nous sommes la vie et nous pouvons créer ce que nous souhaitons vivre. Dès aujourd'hui, accueillez-vous et aimez-vous pour qui vous êtes. Vous êtes ni pas assez ni trop, vous êtes tout simplement. La vie vous aime et n'attend rien de vous. Vous pouvez vivre l'abondance en modifiant vos croyances. Vous êtes créateurs de ce que vous expérimentez.

C'est à toi de reconnaître tes qualités et tes compétences.
C'est à toi de reconnaître ta valeur.
L'extérieur n'est que le reflet de tes propres croyances.

(Douce-Amère, Jument, 2015)

Nous attendons des autres qu'ils nous accueillent, qu'ils nous aiment, qu'ils reconnaissent notre valeur. Nous pensons que cette validation de leur part nous permettra de nous valider nous-mêmes. Cette quête de reconnaissance est vaine car tant que nous n'avons pas conscience de notre valeur, nous serons confrontés à des personnes qui n'en auront pas conscience également. Nous voyons ce en quoi nous croyons. Les autres sont notre miroir. Nos vibrations sont créatrices de ce à quoi nous sommes confrontés. Tant que nous vibrons une fréquence exprimant que nous ne sommes pas suffisamment valables, l'extérieur va refléter cette croyance. Tout ce que nous pensons de nous-mêmes va nous être renvoyé par le monde extérieur. Nous allons sélectionner dans le monde tout ce qui nous parle de nos croyances. Donc d'un seul mouvement, nous créons ce dont nous sommes porteurs et nous filtrons ce qui vient approuver nos croyances afin d'avoir raison. Par exemple, je n'ai pas confiance en certaines de mes capacités, j'ai la sensation que je dois sans cesse prouver que je suis talentueux dans mon travail. Je me retrouve ainsi régulièrement face à des clients qui vont remettre en question la véracité de mes propos ou la pertinence de mes analyses. Lorsque je me retrouve face à ces personnes, je vais leur donner raison (et me donner raison) car cela vient chercher le fait que je n'ai pas confiance en moi. Ces propos viennent renforcer la croyance que j'ai mise en place. Maintenant, si je prends confiance en ma valeur, si je m'accueille profondément pour qui je suis, si je ne cherche plus à me prouver quoi que ce soit, je change ma vibration. Je ne serai alors plus confronté à des personnes qui vont remettre en doute mes capacités ou, en tout cas, je ne leur donnerai plus de pouvoir car mes anciennes croyances ne sont plus actives.

Lorsque nous nous donnons de la valeur, nous retirons le pouvoir au monde extérieur. En déprogrammant certaines croyances, nous changeons les schémas auxquels nous faisions face.

Reprenez votre pouvoir personnel. Vous seuls êtes garants de celui-ci. Lorsque vous donnez à l'autre le pouvoir de vous valoriser, vous lui donnez aussi le pouvoir de vous dénigrer. Reconnaissez aujourd'hui votre unicité, c'est là que repose votre valeur. Vous êtes parfaits. N'attendez plus pour apprendre à vous aimer.

Sois une bonne mère pour toi.

(Plume*, chatte, 2014)

Lorsque nous sommes enfants, notre mère est l'une des personnes essentielles à notre vie. C'est elle qui va répondre à nos besoins vitaux de sécurité, à nos besoins biologiques (alimentation, propreté, etc), à nos besoins sociaux (apprentissage, tendresse, etc). Tant que nous sommes dépendants, notre mère a pour responsabilité de prendre soin de nous, de veiller à notre survie, de nous protéger, de nous soigner, d'assurer notre éducation, de contribuer à notre développement. Lorsque nous devenons adultes, cette responsabilité nous revient. Nous devenons les seuls garants de notre bien-être. Nous avons l'entière responsabilité de répondre à nos besoins physiologiques, de sécurité, à nos besoins sociaux, d'estime et d'accomplissement. Autrement dit, nous sommes pleinement responsables de nous-mêmes. Être responsable de soi, c'est apprendre à s'écouter, c'est considérer les signaux que son corps envoie, c'est être intègre, c'est incarner les valeurs qui sont importantes pour soi, c'est se respecter dans son intégralité. Être responsable, c'est aussi se renseigner sur la portée de ses actes et pleinement assumer les conséquences de ceux-ci. Il n'est pas toujours évident de savoir comment prendre soin de nous et d'être une bonne mère pour nous. Dans un premier temps, il est important d'arriver à identifier nos besoins puis de se renseigner sur la stratégie pour y répondre, les besoins du corps étant toujours prioritaires. Ensuite, nous devons répondre à ces trois questions : est-ce que j'ai l'élan pour mettre en place cette action ? Est-ce que j'ai le temps ? Est-ce que j'ai l'énergie ? Si nous répondons oui à ces trois questions, nous pouvons mettre en place cette action car nous nous respectons pleinement. Si nous répondons non à l'une des trois, nous devons réfléchir à une autre manière de répondre à notre besoin qui soit moins coûteuse pour nous.

Dès maintenant, prenez la pleine responsabilité de votre vie. Personne ne se doit de répondre à vos besoins si ce n'est vous-mêmes. Faites-vous la promesse de vous écouter et de prendre soin de vous. Dès aujourd'hui, adoptez des comportements respectueux de votre corps et de votre psyché. Nourrissez-vous d'une alimentation saine et équilibrée. Nourrissez-vous de relations harmonieuses et enrichissantes. Nourrissez-vous de pensées positives et qui vous élèvent. Devenez envers vous une mère aimante et bienveillante.

Tu ne vaux pas moins lorsque tu te fais aider.

(Sangria, Jument, 2015)

Nous avons parfois tellement peur de paraître dépendants, de paraître assistés aux yeux des autres mais surtout aux yeux de nous-mêmes que nous préférons ne pas demander de l'aide alors que nous en ressentons le besoin. Dans notre inconscient, se faire aider peut être le synonyme d'être faible. Or si nous sommes faibles cela signifie pour nous que nous ne valons pas suffisamment, que nous ne sommes pas assez pour mériter de vivre voire que nous ne sommes rien. Nous avons alors peur d'être rejetés par les autres car qui pourrait aimer une personne qui n'est rien ? Cette difficulté à demander de l'aide provient généralement du programme de vie « Sois Fort » transmis par les parents. Lorsque nous avons grandi avec ce message, nous pensons que nous devons nous débrouiller seuls dans la vie, que nous devons être courageux et que « Tout ce qui ne me tue pas me rend plus fort ». Pour nous, les émotions sont des signes de faiblesse donc nous évitons de les montrer. Bien entendu, il y a certains bénéfices à ces croyances, cela nous permet de résister à la pression de notre environnement et de développer des solutions « ingénieuses » pour répondre à une problématique qui devrait se résoudre normalement à plusieurs. Mais ces croyances sont également extrêmement coûteuses, le coût étant souvent notre bien-être mental et/ou physique. Par exemple, j'ai une entorse aux cervicales. Dès que je porte un sac de courses, cela me lance dans les trapèzes, le cou et amène à des cervicalgies très douloureuses. Je viens d'aller à l'épicerie, un ami est avec moi mais je n'ose lui demander son aide pour porter mes affaires de peur d'être perçu comme un poids, de peur de paraître faible et aussi car je ne supporte pas d'être dépendant des autres. Ma croyance que je dois être fort a un coût important : ma santé.

Rien ne doit se faire au détriment de nous. Poser une demande d'aide à l'autre, ne lui impose rien du tout. Chaque personne est responsable d'elle-même et en capacité de répondre « oui » ou « non » à la demande formulée. Demander de l'aide ne remet aucunement en question notre valeur. Demander de l'aide n'est pas une faiblesse mais au contraire la preuve d'une grande force : celle d'avouer et d'assumer sa vulnérabilité.

L'être humain est une espèce sociale et nous avons un grand besoin de coopérer, de nous unir et de nous entraider pour aller vers un bien-être global.

Prenez conscience de votre croyance et du programme de vie qui vous a été transmis. Prenez conscience qu'associer votre valeur au fait de demander de l'aide est une projection. Quoi que vous fassiez, vous valez. Ne soyez jamais le coût de vos actions, prenez soin de vous avant tout. À partir de maintenant, demandez de l'aide quand vous en avez besoin.

Chaque jour est un joyau.
Ne le perds pas en faisant quelque chose que tu n'aimes pas.
(Jawar, chat, 2015)

Nous vivons notre vie comme si elle était éternelle. Nous pensons qu'il y aura forcément un lendemain à cette journée. Mais qui est à même de savoir combien de temps il nous est imparti ? Nous repoussons et remettons à plus tard les choses qui importent vraiment. Nous portons majoritairement la croyance que la vie est dure, que nous devons en baver pour obtenir ce que nous souhaitons et donc qu'il est normal de ressentir peu de plaisir dans notre quotidien. Nous vivons dans un monde où le travail est souvent perçu comme ennuyeux, laborieux, contraignant et épuisant. Nous sommes peu à nous lever le matin le sourire aux lèvres avant d'aller travailler. Nous sommes peu à être pleinement épanouis dans notre travail. Nous sommes peu à trouver du sens dans le travail que nous effectuons. Pourtant, en moyenne, le travail représente environ 50 % de notre journée. Nous passons donc la moitié de notre temps éveillé à faire une activité qui ne nous rend pas heureux. En plus de cela, nous mangeons rapidement sans prendre le temps de savourer notre plat, nous nous rendons à notre emploi de manière automatique, nous partageons très peu dans nos relations ce qui importe vraiment. En fait, nous n'avons pas conscience de la valeur de chaque journée. La vie est précieuse, elle peut s'arrêter à tout instant. Si nous prenions réellement conscience dès maintenant de la fragilité de la vie et de son aspect éphémère, nous utiliserions notre temps au service d'activités qui nous apportent de la joie, de l'épanouissement et un sentiment d'utilité. Il est possible pour chacun de nous de vivre des journées porteuses de sens et d'obtenir un travail qui contribue à notre bien-être. Chacun de nous mérite et se doit de faire un travail qui le passionne et le motive à se lever le matin. Chaque être humain a de la valeur, chacun est aimé par la vie, chacun peut vivre ses rêves.

Dès maintenant, posez-vous les questions suivantes : Ai-je de l'entrain à me lever chaque matin ? Mes activités quotidiennes m'apportent-elles un sentiment d'épanouissement ? Est-ce que je prends plaisir à travailler ? Si vous répondez non à ces questions, demandez-vous ce que vous pouvez changer pour aller vers ce qui vous rend heureux ? Pourquoi ne vous autorisez-vous pas à l'être ? Dès aujourd'hui, promettez-vous de faire des pas vers ce qui vous fait vibrer. Vous êtes les seuls responsables de votre bonheur. Alors, qu'est-ce qui vous rendrait heureux aujourd'hui ?

La vie c'est oser, c'est sortir de sa zone de confort, c'est faire de grandes choses.

(Amande, lapin, 2015)

Notre passage sur Terre est court et il ne tient qu'à nous de rendre ce passage vibrant. Durant notre vie, de nombreuses opportunités, rencontres, idées nous sont présentées. Il ne tient qu'à nous de vivre des expériences qui nous sécurisent, nous réconfortent, nous maintiennent dans nos habitudes ou de vivre des expériences qui nous épanouissent, qui nous transportent, qui nous dépassent. Faire de grandes choses ne signifie pas forcément arriver en haut de l'Everest, établir un record, devenir le meilleur artisan ou encore sauver la planète. Faire de grandes choses c'est accomplir une action ou un projet porteur de sens avec amour et qui nous demande de dépasser nos peurs. Une grande chose pour l'un n'est pas forcément une grande chose pour l'autre. Nous avons tous des rêves qui nous sont propres. Nous avons tous des envies de nous accomplir et de nous épanouir. Il est important de prendre conscience de nos blocages et des ressources qui sont à notre disposition pour les dépasser. Nous ne savons pas combien de temps nous allons être en vie alors autant profiter pleinement de l'expérience qui nous est proposée. Par exemple, je rêve de visiter les parcs nationaux des États-Unis mais je n'ai jamais voyagé à l'étranger et j'ai peur de ne pas savoir me débrouiller tout seul. J'accueille ma peur puis je prends un temps de recul en réfléchissant à toutes les ressources que j'ai à ma disponibilité : mes capacités personnelles de sociabilité, des livres pour préparer mon voyage, des groupes d'entraide de voyageurs, etc. Je me rends compte alors que ce voyage est accessible pour moi et je me lance. J'accomplis ainsi une grande chose à titre individuel car j'ai osé sortir de ma zone de confort, je me suis challengé. Peut-être que partir en voyage semble banal pour certaines personnes, mais l'important est ce que je vis moi, en interne.

Prenez le temps de lister les choses que vous avez envie de réaliser dans votre vie. Notez en face ce qui vous empêche de les accomplir dès aujourd'hui. Puis réfléchissez aux atouts et aux outils que vous avez à votre disposition pour y parvenir. Mettez-en œuvre des premières actions, effectuez des premiers pas pour oser vivre vos rêves. Personne ne pourra les vivre à votre place.

La seule personne qui doit t'accepter et t'aimer, c'est toi-même.
(Litchie*, chienne, 2015)

L'un des besoins les plus importants de l'être humain est d'être reconnu, accueilli et aimé par les autres. Nous avons besoin de nous sentir appartenir à un groupe, à un clan, à une famille. Ce sentiment d'appartenance peut même constituer l'un des aspects de notre identité. L'une de nos plus grandes peurs est donc celle de ne pas être aimés. Lorsque nous ne sommes pas aimés, nous nous sentons rejetés, trahis, abandonnés, seuls. Nous ressentons également des émotions désagréables telles que la tristesse, la colère, le dégoût, car nous avons le sentiment d'avoir perdu une part identitaire. Si nous avons tant besoin d'être acceptés et aimés par une communauté, par une équipe, par d'autres individus c'est parce que nous ne nous acceptons ni ne nous aimons inconditionnellement. Nous partons du principe que nous nous aimerons le jour où nous serons suffisamment aimés par l'extérieur. Et si le chemin était inverse ? Aucun être humain ne se doit de nous aimer. Et il n'existe pas de bouton magique pour cela, l'amour ressenti n'est pas un choix de l'émetteur quel qu'il soit. L'amour est là ou ne l'est pas. Il en va de même pour nos parents, ils n'ont pas le devoir de nous aimer. Ils ont le devoir de répondre à nos besoins physiologiques et de sécurité jusqu'à ce que nous soyons en âge de prendre soin de nous mais en aucun cas ils ne se doivent de nous aimer. Un exemple : je n'ai pas confiance en moi, j'ai le sentiment de ne pas être assez. Durant toute mon enfance, j'ai reçu de ma mère des signes de reconnaissances négatifs (jugements, critiques). Ces blessures ont engendré chez moi la croyance que je ne suis pas suffisamment valable car ma mère qui est censée être celle qui m'aime inconditionnellement me dévalorise continuellement et donc ne m'aime pas. Si je prends conscience que ma mère ne se doit pas de m'aimer et qu'elle fait ce qu'elle peut considérant sa propre histoire, je lâche mes attentes, je reprends mon pouvoir personnel et je commence l'apprentissage de l'amour de soi.

En prenant conscience que nous sommes les seuls à avoir la responsabilité de nous accueillir et de nous aimer pleinement, nous lâchons la pression de devoir plaire et convenir aux autres.

Accueillez vos imperfections. Aimez-vous pleinement. Personne ne se doit de vous aimer, pas même vos propres parents. Prenez conscience que vous ne pouvez rien faire pour être acceptés et aimés alors ne vous bradez pas, ne vous limitez pas, soyez qui vous êtes.

Nous ne sommes pas différents de toi.
Il est important que nous rentrions en connexion les uns avec les autres,
que nous allions vers un respect mutuel.

(Tifa*, rate, 2014)

Nous nous croyons supérieurs au règne animal alors que nous faisons partie de ce règne. Bien que dans nos vies nous nous sentions déconnectés de la nature, nous sommes en permanence connectés car nous faisons partie de la nature. Il n'est pas possible d'être déconnecté de quelque chose dont nous sommes en partie les constituants. Les minéraux, les végétaux, les animaux et nous sommes un Tout. Nous sommes des âmes ayant choisi de vivre une expérience terrestre. Nous pouvons apprendre de chacune de ces expériences, de chacune de ces incarnations. Nous sommes effectivement tous reliés les uns aux autres en permanence mais c'est encore autre chose de sentir et de vivre cette reliance. Tous les règnes réunis, nous constituons un organisme tel que le corps humain. Notre corps ne pourrait fonctionner sans certains organes tels que les poumons, le foie, le cœur, etc. Nous ne pourrions donc vivre sans les végétaux, les animaux non humains, les minéraux. Chaque règne, chaque individu se doit d'être respecté et entendu. Nous avons tant de choses à apprendre de la toile de vie, si seulement nous étions un peu plus humbles et prenions le temps d'écouter. Lorsque nous respectons et entendons la nature, nous nous respectons et nous nous entendons également. Nous faisons de la place à une partie de nous-mêmes qui jusqu'ici était ignorée. Lorsque nous nous relions consciemment à la Nature, aux éléments, nous nous relions à notre propre nature. Lorsque nous nous relions à nous-mêmes, nous nous relions également à la nature. Nous sommes de la même essence.

Prenez conscience qu'où que vous soyez, la nature est toujours présente. Prenez le temps d'observer le ciel, le vol des oiseaux, les insectes, les arbres. Prenez le temps d'écouter le chant des oiseaux, le souffle du vent, les gouttes de pluie. Sentez-vous vous relier à votre essence profonde. Soyez conscients que tout être peut vous apprendre des belles leçons de vie peu importe sa forme. Respectez-le et remerciez-le pour cela. Laissez-vous surprendre et surtout restez humbles.

Demande-toi ce que tu souhaites vivre, ce vers quoi tu souhaites tendre.
N'attends pas de l'extérieur.
Tu peux, là tout de suite, incarner ce que tu souhaites vivre.
Tu peux être dans cette énergie, il suffit de te le donner.

(Kikie*, chatte, 2014)

Nous sommes beaucoup à expérimenter une forme de violence dans notre quotidien. La violence ne se traduit pas seulement en termes de brutalité physique ou verbale. Un contexte de vie où nous n'avons pas les moyens de réaliser nos envies, où nous avons des difficultés à répondre à nos besoins de base, où nous éprouvons de la solitude, où nous gardons peu d'espoir pour l'avenir, est souvent vécu violemment. Nous accumulons alors de la colère, de la rancœur, de la tristesse, ce qui peut créer en nous les sentiments d'injustice, de désespoir et d'abandon envers la vie. Nous attendons de l'extérieur (les autres, le gouvernement, la société...) de venir alléger, adoucir, pacifier ce quotidien qui est devenu si pesant. La manifestation externe n'étant que le miroir de ce que nous portons en interne, l'univers ne nous donnera que ce que nous nous donnons à nous-mêmes. Un sentiment de solitude va amener davantage de solitude, un sentiment d'injustice va amener davantage d'injustice, etc. L'Univers va toujours venir solliciter ce qui n'est pas aligné, unifié, apaisé chez nous afin que nous allions vers une réelle paix intérieure. Il est donc essentiel de nous demander à chaque fois ce que nous souhaitons vivre. Par exemple, dans mon travail, je ressens beaucoup d'animosité dans les paroles de mon collègue envers moi, je me sens agressé en permanence et cela engendre de la colère chez moi. Je prends conscience alors que j'ai un grand besoin d'écoute et de douceur, que ma colère vient nourrir la sienne et que je n'ai pas envie de vivre cela. Au lieu d'attendre un changement de comportement de mon collègue, chose sur laquelle je n'ai aucun pouvoir, j'observe où je ne suis pas doux envers moi-même, quelle part de moi je n'écoute pas. Je comprends quel est mon schéma interne, quelles sont mes peurs, quelles sont mes croyances… En prenant conscience de mes blessures, en les soignant, je me réaligne et m'apaise. En incarnant la douceur et l'écoute envers moi-même, mon quotidien se transforme, mon collègue n'a plus de prise sur moi.

La violence extérieure existe simplement parce que nous sommes violents envers nous-mêmes au quotidien. Gandhi disait « soyons le changement que nous voulons voir dans le monde ». C'est en nous demandant ce que nous souhaitons vivre dans notre quotidien et en l'incarnant, que notre vie se transforme.

Vous pouvez vivre dès aujourd'hui vos envies profondes. L'extérieur n'a du pouvoir que si vous lui en donnez. Si vous souhaitez vivre l'harmonie, la joie, l'unité, la paix, n'attendez pas de l'extérieur de vous l'apporter, cela ne se fera pas. Allez voir les parts de vous qui ne sont pas harmonieuses, joyeuses, unifiées, paisibles. Pardonnez-leur, accueillez-les, remerciez-les d'être là et envoyez-leur de l'amour. Votre vie en sera davantage harmonieuse, joyeuse, unifiée et paisible.

Tout cet amour que tu as pour le monde animal et la nature,
donne-le-toi.
Tu fais partie de cette nature.
Nous sommes un tout et sans toi, nous serions incomplets.
(Caline, chatte, 2015)

Nous sommes nombreux à percevoir les animaux comme des êtres bons, beaux, parfaits ainsi que comme des êtres bien intentionnés, sains, animés par de l'amour inconditionnel. Nous appréhendons souvent la nature comme un élément puissant, indomptable et d'une beauté incomparable. Nous sommes émerveillés devant les richesses de la nature et les prouesses des animaux. À travers eux, nous arrivons à entrevoir le génie du vivant, la magie de la vie, la présence du spirituel, l'élan du divin. En comparaison, nous avons une difficulté à voir ces joyaux dans l'être humain et également en nous-mêmes. Nous sommes une majorité à concevoir l'humain comme un être méprisable, perfide, dépravé, vil, lâche, vaniteux... Or l'être humain est un animal, il fait partie de la nature et est animé par le vivant. Nous pouvons nous penser comme étant une erreur de la nature, mais la nature ne fait pas d'erreurs, la nature est, tout simplement. C'est le propre de l'être humain de comparer, de classer des « choses » comme étant belles ou laides, comme étant bonnes ou mauvaises... La nature ne compare pas, ne juge pas. Il n'y a pas d'imperfection dans la nature, tout est à sa place, tout est exactement comme il doit être. Pourquoi serait-ce différent pour l'être humain ? N'est-il pas prétentieux de croire que la vie agirait différemment avec nous ? Chaque parcelle de vie a sa place, chaque parcelle de vie a son importance, chaque parcelle de vie a de la valeur, chaque parcelle de vie est amour. Nous sommes tous une expression du vivant. Il est temps de voir la beauté, la bonté, la richesse, et le spirituel en nous, tout est une question de regard.

La vie ne vous a pas abandonnés, elle ne vous a pas délaissés, la vie coule en vous et vous aime. Vous avez de la valeur. En vous regardant chaque matin dans le miroir, percevez la magnificence de la vie qui vous compose, mettez de l'amour et de la bienveillance dans votre regard. Chaque jour, remerciez-vous d'être qui vous êtes, cette sublime expression du divin. Ne vous cachez plus, exprimez pleinement qui vous êtes. Émerveillez-vous devant vos mains, votre regard, votre nez, votre bouche, votre corps tout entier, il n'en existe pas d'autres comme vous sur cette planète. Vous êtes parfaits.

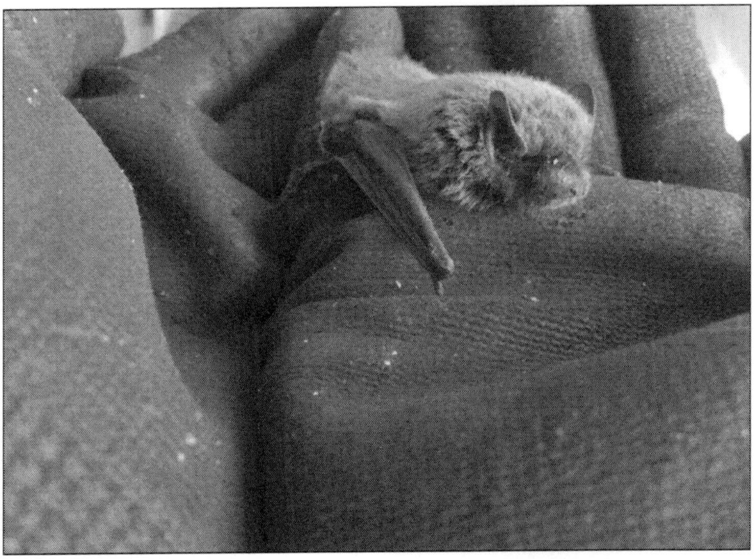

Tu ne peux maintenir les choses telles qu'elles sont.
Aimer réellement la nature et la vie,
c'est en accueillir le mouvement et le changement.
Cesse de lutter contre le cœur même de la vie, accompagne-la.

(Pipistrelle mâle, refuge LPO, 2018)

Le principe même de la vie est l'impermanence, le mouvement incessant, le changement. Que nous en ayons conscience ou non, nous évoluons continuellement. Que nous le voulions ou non, nous changeons constamment. Tout ce qui nous compose et tout ce qui constitue notre environnement se transforme. Nos cellules se renouvellent, les saisons changent, les oiseaux migrent, les fleurs fanent, l'herbe pousse, l'eau s'écoule, les heures passent… Nous avons tous connaissance de ce principe, nous disons aimer la vie, et pourtant lorsqu'un être cher meurt, lorsqu'une espèce disparaît, lorsque nous perdons quelque chose, nous éprouvons de la colère, de la tristesse, de la rancœur. Nous nous accrochons à la forme et à son maintien dans le temps, nous aimerions que rien ne change ou alors que les choses changent comme nous le souhaitons. Nous avons une telle peur de la mort et donc un tel besoin de sécurité que nous tentons de résister à la vie et de la maîtriser. Cette résistance crée en nous des frustrations, des angoisses, du stress. Tôt ou tard, nous serons inévitablement confrontés à la perte, à la disparition et à la mort mais nous vivrons également la naissance, la découverte, la surprise. Penser contrôler ce mouvement est illusoire. Nous ne pouvons maintenir quelque chose qui est impermanent, « rien n'est immuable sur cette planète si ce n'est le changement ». Il est temps de lâcher prise de notre besoin de contrôle et d'accompagner le mouvement avec joie et légèreté.

Ne résistez plus au changement, accompagnez-le. Ne retenez plus la vie, vivez-la. Pour cela, suivez vos élans, vos envies. Accueillez vos émotions, laissez-les circuler dans tout votre corps. Soyez pleinement présents à l'instant. Prenez le temps de jouir de chaque chose. Aimez la forme du vivant mais ne vous attachez pas à celle-ci. Aimer profondément la vie, c'est en aimer son évolution.

La vie, elle-même, est porteuse de sens.
Vivre, expérimenter, être en présence est le seul véritable sens.
Le reste est illusion pour te rassurer.
Et si tu étais simplement là pour être là ?

(Misha, chat, 2018)

L'une des grandes questions que tout être humain s'est posée est celle-ci : quel est le sens de la vie ? Quel est le sens de ce qu'il se passe dans le monde ? Quel est le but de tout ça ? Certains ont cherché et trouvé des réponses auprès des religions, d'autres auprès de spiritualités, d'autres encore auprès de la science. Dans chaque cas, la réponse est cherchée à l'extérieur de soi. Et si la vraie réponse était à l'intérieur ? Tout a lieu à cet endroit seulement. Nous allons venir poser une étiquette, une analyse, une raison sur ce que nous sommes en train de vivre, nous allons lui donner un sens. Mais peu importe l'interprétation que nous allons faire de ce qu'il se passe, cela ne nous empêche pas de le vivre et cela ne le modifie en aucun cas. Vouloir donner à tout prix un sens aux événements et à la vie elle-même, nous empêche d'accueillir le vivant pour ce qu'il est, cette expression particulière de la vie. Lorsque nous réalisons une saisie mentale de ce qui est en train de se jouer, nous nous coupons de la vie elle-même. Nous sommes des êtres vivants, par définition, nous sommes là pour ressentir, jouer, aimer, vivre… et tout simplement être. Pourquoi avons-nous donc tant besoin de donner du sens aux situations vécues ? D'une part, cela nous aide à traverser plus facilement des situations désagréables car cela nous donne la sensation que cela sert à quelque chose, que nous gagnons quelque chose en retour. Si nous enlevons l'idée que les événements doivent servir à quelque chose, nous pouvons ressentir de l'injustice, de l'impuissance, voire un sentiment de punition. Nous nous demanderions, par exemple, pourquoi nous sommes en mauvaise santé alors que notre voisin est toujours en grande forme et sans donner du sens à cela, nous ressentirions profondément de l'injustice face à la vie. D'autre part, donner du sens peut nous apporter le sentiment de maîtriser les événements en les comprenant, en les structurant, et donc nous donner l'illusion d'avoir un pouvoir sur la vie. Dans tous les cas, toutes les raisons proviennent d'un besoin d'être rassuré, d'être conforté. Nous avons besoin d'avoir la certitude que la vie nous aime et que nous serons, un jour, récompensé pour tous les efforts accomplis et les souffrances vécues. Récompensés ou pas, aimés ou pas, il n'y a toujours que ce qui est, le reste n'est qu'interprétation et projection. Accueillez le vivant en vous. Soyez présents à vous. Votre histoire est unique. Laissez-vous surprendre. Cessez de mentaliser. La beauté de la vie, c'est de vivre. Soyez heureux de ne pas savoir. Tout est inconnu. Soyez. Être vivant, c'est être la vie et la vie n'est qu'amour.

Tu as le droit d'être triste.

(Happy, chien, 2018)

Nous sommes beaucoup à avoir la croyance que l'un des objectifs de la vie est celui d'être heureux, que l'une des plus grandes réussites est d'atteindre un état de bonheur immuable. Dans notre environnement, nous entendons constamment des phrases telles que : « Il en faut peu pour être heureux », « L'argent ne fait pas le bonheur », « Il faut voir le verre à moitié plein », etc. Notre société est devenue une sorte de dictature du bonheur, tout ce qui est diffusé dans les publicités a pour but de répondre à nos désirs, à nos besoins pour que nous soyons enfin comblés. Nous avons donc la sensation que nous nous devons d'être heureux coûte que coûte. Or de nombreuses spiritualités nous disent que nous sommes les seuls responsables de notre bonheur. Si effectivement le bonheur ne dépend pas de choses extérieures tels que l'argent, le travail, le couple, la réussite sociale cela signifie qu'il dépend seulement et exclusivement de nous. Cette quête frénétique du bonheur nous amène alors à consulter des coachs de vie, des psychologues, des thérapeutes, des énergéticiens, etc. Nous cherchons à trouver ce qui nous empêche d'atteindre ce Graal, ce qui ne fonctionne pas chez nous. Mais nous avons beau travailler sur nous en comprenant nos programmes de vie et nos schémas familiaux, en prenant conscience de nos conditionnements et nos croyances limitantes, nous ne ressentons pas un état de bonheur constant. Nous avons connaissance d'une multitude de concepts philosophiques/spirituels et pourtant nous ne sommes pas heureux. Ce constat engendre chez nous le sentiment d'avoir échoué, la croyance que nous ne sommes pas suffisamment bien et génère donc des émotions de colère et de tristesse. La clef serait peut-être de lâcher cette quête du bonheur et d'accueillir ce qui se présente à nous et en nous. Être heureux ne signifie pas ne pas ressentir des émotions désagréables, c'est simplement accueillir ce qui est avec bienveillance et sérénité.

Vous avez le droit d'être tristes. Vous avez le droit d'être en colère. Vous n'avez pas à être autrement que ce que vous êtes. Accueillez vos besoins. Accueillez vos envies. Accueillez vos émotions. Accueillez vos limites. Lâchez prise avec l'idée d'être heureux à tout prix. Soyez-vous mêmes. Aimez-vous tout simplement, même les parts de vous qui ne vous aiment pas.

Que tu le veuilles ou non, tu fais partie de ce monde,
tu en es co-créateur.

(Tulipe, jument, 2017)

Nous pouvons percevoir le monde comme inintéressant, médiocre, oppressant, violent, souffrant… Lorsque nous en avons cette vision, nous pouvons ressentir le besoin de nous en extraire, de nous en éloigner. Pour cela, différentes stratégies peuvent être mises en place. Certaines personnes vont se réfugier dans les livres, les films, les jeux vidéos afin de se recréer un monde fantastique, magique, héroïque qui leur convient. D'autres vont choisir de s'en extirper par l'intermédiaire de différentes substances telles que l'alcool, les drogues, les plantes, etc. Ces essences vont venir modifier la réalité pour la rendre plus supportable à vivre. D'autres encore vont se recréer leur propre société en s'isolant dans des communautés afin de ne pas contribuer au monde consumériste actuel. Ce besoin de ne pas vivre dans ce monde vient de pensées telles que « la société n'est pas ceci/cela », « la réalité n'est pas assez ceci/cela », « le monde est comme si/comme ça » et vient donc en somme de l'idée que la vie devrait être autrement que ce qu'elle est, ou en tout cas dans la perception que nous en avons. Tout est une question de perception de la réalité et la réalité n'est pas le réel. La vie ne peut être différente de ce qu'elle est car elle est la somme de toutes nos croyances collectives. Et la vie ne doit pas être différente de ce qu'elle est car par sa manifestation, elle nous montre ce que nous avons à comprendre et à libérer. Nous sommes tous co-créateurs du monde tel qu'il est. Nous sommes un tout, nous sommes tous reliés. Le sentiment d'en être extrait est une illusion, nous ne pouvons nous extirper de quelque chose qui nous compose et que nous composons. Si nous souhaitons vivre dans un monde qui nous correspond, nous devons changer notre perception de celui-ci, prendre conscience que notre réalité n'est pas le réel et nous devons incarner dans la matière ce que nous souhaitons voir naître demain dès aujourd'hui.

Dès maintenant, prenez un temps pour voir si vous adoptez un comportement de fuite. Si oui, regardez ce que vous tentez de fuir, de quoi cela vous parle. Essayez d'en changer votre perception. Accueillez le fait que le monde ne peut être autrement que ce qu'il est. Réfléchissez à comment vous pouvez apporter dans la matière ce que vous avez envie de vivre. Puis faites un pas pour le concrétiser. Le monde a besoin de personnes qui vibrent avec lui.

Tu ne peux remettre en question les choses du passé car tu n'avais pas le même niveau de conscience.

(Titan, mouton, 2017)

Nous sommes nombreux à penser qu'il y a certaines choses du passé que nous aimerions faire autrement ou que nous aurions dû réaliser différemment. Certaines actions et paroles, dont nous ne sommes pas fiers, peuvent nous hanter et engendrer en nous un sentiment de culpabilité. Celui-ci peut également naître lorsqu'au cours de notre chemin, nous travaillons sur nous (libération des peurs et des croyances limitantes) et lorsque nous changeons notre vision de la vie. Nous percevons alors les événements antérieurs sous un angle différent et cette perception distincte peut nous amener à nous juger dans le passé. Par exemple, je suis mère d'une fille. En travaillant sur moi, je prends conscience que les croyances et les envies que j'avais durant ma grossesse se sont transmises inconsciemment à mon enfant. J'avais une préférence pour avoir un garçon pour faire plaisir à mon père qui n'a eu que des filles. Cette préférence a engendré, chez ma fille, la croyance de ne pas être suffisante et donc une blessure émotionnelle profonde. Depuis que je suis consciente de ce transfert, je ne cesse de culpabiliser car je ne souhaite pas être la cause de la souffrance de mon enfant. Autre exemple, suite au visionnage d'une vidéo représentant le traitement des animaux dans les abattoirs, j'ai décidé d'arrêter de manger de la viande. En interne, je me dis que j'aurais dû prendre conscience de la souffrance animale avant et donc je me sens coupable d'avoir contribué à ce système irrespectueux du vivant jusqu'à aujourd'hui.

Cependant, dans les deux cas, cela n'est pas juste de me critiquer maintenant pour quelque chose dont je n'avais pas la connaissance et dont je n'avais pas conscience de tous les tenants et aboutissants, ni des conséquences engendrées.

Nous ne pouvons regarder hier avec les yeux d'aujourd'hui. Nous agissons à chaque instant du mieux que nous pouvons compte tenu de nos croyances, nos peurs et notre conscience à cet instant T. Se juger et se culpabiliser ne modifie en rien ce qui a eu lieu dans le passé mais modifie la façon dont nous vivons le présent.

Cessez de ressasser les expériences du passé. Il n'y a pas d'erreurs. Vous avez agi comme vous le pouviez, vous n'étiez pas en mesure de faire autrement. Transformez vos jugements envers vous par de la bienveillance. Accueillez vos limitations. La vie est riche d'apprentissages et d'évolution. Libérez-vous du passé. Vivez le présent avec davantage de liberté et de sérénité.

Dire non à l'autre, c'est te dire oui à toi.
Ce n'est pas rejeter l'autre, c'est dire non à sa proposition.

(Shanna, chienne 2017)

L'une des plus grandes peurs de l'être humain est celle de ne pas être aimé donc de se sentir rejeté par l'autre. Cette peur est en lien souvent avec un manque de confiance en nous et engendre alors une difficulté à nous affirmer et à exprimer ce qui est juste pour nous. Nous avons souvent de la peine à préserver et à faire respecter notre territoire. Typiquement, cela se traduit par une difficulté à dire non aux propositions ou demandes extérieures alors que celles-ci ne sont pas en accord avec ce qui est juste pour nous en termes de temps, d'énergie et d'élan. Nous pensons que si nous refusons la requête de l'autre, nous allons être considérés comme une personne peu serviable, peu généreuse, peu enthousiaste et donc que nous serons peu appréciés. Nous nous retrouvons alors fréquemment submergés, tristes, fatigués et nous pouvons nous percevoir comme étant exploités puisque nous ne sommes pas à notre écoute. Certes, nous n'arrivons pas à formuler un non à l'autre par peur d'être rejetés et/ou par peur qu'il se sente rejeté, mais ce que nous ne voyons pas c'est que lorsque nous disons oui à l'autre c'est à nous que nous disons non. Il y a, en conséquence, bien un non qui est posé. Par exemple, un soir, une connaissance me propose d'aller boire des verres en ville avec d'autres personnes Je suis fatigué, je n'ai pas l'énergie pour sortir mais ayant peur de paraître asocial et donc à terme d'être exclu, je n'ose pas refuser sa proposition. En disant oui à cette connaissance, je ne me respecte pas, je ne suis pas à mon écoute et je dis non à mon besoin de repos. Je rejette alors une part de moi en n'étant pas aligné en faisant ce choix. Inversement, lorsqu'une personne me dit non, elle ne me rejette pas, elle rejette ma demande pour se respecter et se dire oui.

Vous êtes les seuls garants de la protection de votre territoire. Vous êtes les premiers à devoir vous respecter. Lorsque vous dites oui à l'autre, observez envers quoi vous exprimez un non. Vous êtes les seuls à pouvoir répondre à vos besoins. Vous pouvez vous sentir rejetés par l'autre seulement si vous vous rejetez vous-mêmes. Dès aujourd'hui, apprenez à formuler un non lorsque vous avez envie de dire non. Soyez libres d'être qui vous êtes. Ayez confiance en vous. Affirmez-vous. Vous avez le droit de ne pas répondre aux besoins de l'autre.

L'amour, c'est laisser l'autre libre.
(Léo, chat, 2017)

Nous expérimentons tous différentes formes d'amour sur cette terre que ce soit dans la relation avec nos parents, nos amis, notre conjoint, nos animaux... Nous pouvons vivre des amours passionnels, des amours fusionnels, des amours platoniques, des amours amicaux ou fraternels mais nous sommes peu à avoir connu l'amour inconditionnel, essence même de la vie. Un amour pur, sain, illimité et libre. Pour être en mesure d'exprimer et de recevoir l'amour, cela demande avant tout de travailler sur nos blessures émotionnelles, nos peurs, nos croyances limitantes pour nous en libérer et apprendre à nous aimer pleinement. Tant que nous n'avons pas effectué ce cheminement intérieur, nous continuerons de projeter, notamment sur notre partenaire, nos attentes et nos projections. Nous demandons constamment à l'autre de venir combler nos besoins et de nous rendre heureux. Nous l'aimons non pas pour ce qu'il est mais pour ce que nous souhaitons qu'il soit ou ce que nous projetons sur lui. Notre amour est conditionné. Il est difficile d'être dans un amour inconditionnel car, généralement, nous ne l'avons même pas reçu de nos parents. Nous avons grandi en croyant que pour être aimés nous devions faire plaisir, faire des efforts ou que nous devions être parfaits, être forts... Enfants, nous étions inscrits dans un système de récompense par rapport à l'amour où pour être aimés nous nous devions de... Aimer profondément toute forme de vie, c'est être sans attente envers elle. Personne ne se doit de répondre à nos besoins, tout comme nous ne devons répondre aux besoins de personne. Nous sommes les seuls responsables de notre bonheur. Nous ne devons changer pour personne comme personne ne doit changer pour nous. Nous devons laisser à l'autre la pleine place pour exister et pour cela nous devons nous autoriser aussi à être pleinement qui nous sommes. Être à notre juste place pour laisser à l'autre sa juste place signifie être suffisamment confiant pour lâcher nos peurs, confiant en la vie qui nous présente ce qui est bon pour nous.

Regardez les attentes que vous avez mises en place dans vos relations. Réfléchissez où vous ne laissez pas l'autre libre. Voyez où vous ne vous sentez pas libres. Demandez-vous : Comment puis-je répondre à mes propres besoins ? Quelles sont mes peurs dans la relation ? Qu'est-ce qui m'empêche d'être moi-même ? Prenez conscience que vous n'avez rien à réaliser pour être aimés. Vous êtes suffisants. Vous êtes complets. Autorisez-vous à recevoir de l'amour inconditionnel. Lâchez vos projections, vos attentes. Soyez libres et prenez plaisir à rencontrer l'autre pour ce qu'il est réellement.

Sois d'accord de ne pas contrôler car que tu sois d'accord ou non cela ne change pas le fait que tu ne contrôles pas, par contre, tu le vivras avec davantage de sérénité.

(Lilou, chienne, 2018)

Nous sommes nombreux à avoir besoin de contrôler les événements dans notre vie et certains à avoir le sentiment de les contrôler. Besoin et sentiment sont deux choses différentes mais intimement reliées. Le besoin de contrôle vient d'un besoin de se sentir en sécurité et donc de la peur de ne pas l'être. Nous nous croyons à la merci de la vie, victimes des événements, nous souhaitons donc pouvoir contrôler les situations afin que rien de désagréable ou d'imprévu ne puisse nous arriver et nous faire souffrir ou pire mourir. Le sentiment de contrôler notre vie vient de l'idée que nous avons un pouvoir sur les choses et sur nous mêmes, que nous sommes les maîtres de notre destin, nous nous sentons alors en sécurité car nous sommes les décideurs de ce qui se passe. Lorsque j'ai un besoin de contrôle, c'est que j'ai le sentiment de ne pas l'être, et lorsque j'ai le sentiment de contrôler, je ne ressens plus le besoin de contrôle. Dans les deux cas, nous portons la croyance d'être séparés de la vie, qu'il existe un intérieur et un extérieur et que celui-ci se doit d'être contrôlé pour ne pas qu'il nous atteigne. Nous nions la puissance créatrice de la vie, où nous allons être confrontés aux croyances que nous portons : si j'ai besoin d'être en sécurité c'est que je suis en danger, donc la vie va venir matérialiser cela. Nous puisons nos élans dans nos peurs et non dans l'amour qui nous compose. Nous vivons dans l'illusion qu'il existe quelque chose à contrôler alors que rien n'existe hors de soi. Nous sommes la vie et rien n'existe en dehors d'elle. La vie ne peut être contrôlée donc le contrôle n'existe pas. Nous pouvoir croire avoir le contrôle de notre vie et cependant nous ne pouvons garantir que nous serons toujours en vie dans la seconde qui suit. Nous pouvons penser avoir le contrôle sur nos actions, et pourtant nous ne pouvons assurer que nous allons arriver à réaliser avec succès telle ou telle tâche. Nous pouvons être persuadés de contrôler nos émotions mais le propre de l'émotion est de surgir. Nous pouvons être convaincus de contrôler nos pensées néanmoins nous ne pouvons prévoir la pensée suivante…

Notre seul pouvoir est notre présence à ce qui est, notre puissance d'accueil. Nous pouvons soit continuer à lutter contre ce qui est, soit l'accueillir avec bienveillance mais l'une ou l'autre posture ne modifiera en aucun cas ce qui est. Par contre, une posture engendre frustrations et mécontentements tandis que l'autre amène sérénité et lâcher prise.

À vous de choisir. Souhaitez-vous vivre dans une illusion de contrôle et éprouver une sécurité artificielle ? Ou souhaitez-vous vivre une sérénité profonde et imperturbable dans l'accueil de la vie qui se joue ? Choisissez-vous de suivre vos peurs ou l'élan d'amour qu'est la vie ?

C'est en lâchant les armes que tu verras qu'il n'y a pas de combat.
(Gibbs, chien, 2018)

Certains d'entre nous perçoivent la vie comme un champ de bataille où nous devons nous battre pour obtenir ce que nous souhaitons. Nous sommes en permanence dans l'effort, en mode de résistance intérieure face aux événements. Nous sommes souvent animés par l'émotion de la colère et la peur de nous écrouler si nous lâchons prise. Nous pouvons avoir la croyance que dans la vie il y a des gagnants et des perdants et nous préférons nous retrouver du côté des premiers. Nous croyons que chaque jour est un combat pour faire notre place car nous ressentons le monde comme hostile, froid, agressif, etc. Cette perception du monde provient généralement de la manière dont nous avons été accueillis par nos parents durant la grossesse de notre mère et durant notre enfance ainsi que des croyances limitantes qui nous ont été transmises inconsciemment. Moins nous nous sommes sentis accueillis, choyés, aimés pour qui nous sommes par nos parents moins nous percevons le monde comme accueillant, aimant, choyant. Moins nous avons été considérés, entendus, écoutés durant notre enfance plus nous aurons la sensation de devoir « gagner » notre place dans le monde étant adultes. Par exemple, je suis le benjamin d'une fratrie de deux, mes parents ont toujours préféré mon frère à moi. Enfant, je me suis donc senti rejeté et dévalorisé. Aujourd'hui en tant qu'adulte, je fais tout pour briller en société pour avoir ma place afin que mes parents reconnaissent ma valeur bien que cela m'épuise physiquement et psychiquement. Ce comportement n'est pas juste pour moi mais tant que je ne comprendrai pas que je n'ai rien à prouver, que c'est à moi de me donner de la valeur et que j'ai déjà ma place, je continuerai à être dans un système de combat et donc à trouver des résistances en face.

Nous sommes des êtres créateurs. Plus nous serons dans l'idée de devoir nous battre plus nous ferons face à un système de défense (obstacles, échecs, pertes) dans la vie : la lance appelle le bouclier et vice-versa. Plus nous serons dans la croyance de devoir nous défendre, plus le monde sera hostile. Pour vivre de manière sereine et découvrir notre force intérieure, nous devons lâcher nos armes.

Dans la vie, il n'y a ni perdant ni gagnant car il n'y a rien à perdre ni à gagner. Que vous en ayez conscience ou non, vous avez votre place, vous êtes aimés pleinement par la vie. Vous êtes le vivant et êtes créateurs du monde dans lequel vous vivez. À vous de décider si vous souhaitez vivre sur un champ de bataille ou dans une cour de récréation. Quoi qu'il en soit la vie ne sera toujours rien d'autre que ce qu'elle est.

Tu n'as pas à gagner ta vie, tu l'as.
(Fred, chien, 2018)

Nous avons tous grandi avec la croyance que nous devons gagner notre vie pour être heureux, pour être reconnus, pour nous considérer comme étant une personne ayant réussi, etc. Bien entendu l'expression « gagner sa vie » n'est pas utilisée, a priori, au sens littéral, nous exprimons simplement qu'il est important de gagner de l'argent pour vivre plus que correctement. Mais est-ce bien sûr ? Chaque mot a une importance. Le fait d'associer ou de pouvoir interchanger les termes « gagner de l'argent » et « gagner sa vie » nous fait croire, premièrement, que la valeur de notre vie est liée au montant que nous gagnons chaque mois. Selon ce chiffre, nous allons nous sentir plus ou moins valables aux yeux des autres et surtout à nos propres yeux. Nous allons penser que parce que nous gagnons moins d'argent que certains, notre vie est moins importante et que nous ne méritons pas autant de considération que d'autres. Nous pouvons nous sentir jugés, méprisés, honteux, humiliés, rejetés… Associer l'argent à une réussite personnelle et pire à notre valeur intrinsèque signifierait que l'argent a pour égal la vie qui nous anime.

Deuxièmement, assimiler « gagner de l'argent » à « gagner sa vie » engendre, également, la croyance que notre vie est quelque chose dont nous ne disposons pas et que nous devons faire des efforts pour l'acquérir. Croire que nous devons gagner notre vie c'est croire que nous pouvons la réussir ou la rater. La vie n'est pas quelque chose que nous pouvons rater ou réussir. La vie est pleine à chaque instant. La seule chose que nous pouvons faire c'est la manquer en n'étant pas présents à celle-ci. Nous sommes tellement dans l'idée de devoir obtenir quelque chose dans le futur pour pouvoir vivre bien ou mieux que nous en oublions la vie qui se déroule à chaque instant. Notre vie ne se regarde pas en arrivant au bout du chemin, elle se vit maintenant.

Que vous ayez un bon salaire ou pas, cela ne parle en aucun cas de qui vous êtes. L'argent que vous gagnez ne vous définit pas. Vous seuls, pouvez vous laisser définir par celui-ci. Peu importe ce que vous gagnez, vous valez. Vous êtes la vie. Vous êtes une expression unique de celle-ci. Il n'y a rien à gagner, rien à réussir, rien à rater, il y a simplement à être. Prenez conscience de l'élan de vie qui vous habite. Vibrez avec celui-ci. Savourez l'instant. Soyez présents. Le plus beau cadeau que vous pouvez vous faire est d'aimer et d'accompagner le vivant en vous.

Tu peux être autonome et être en relation.
(Lena, chatte, 2018)

Certains d'entre nous ont peur de s'engager dans une relation de couple car nous l'assimilons à une perte d'autonomie voire de liberté. Nous avons peur d'être dépendants de l'autre et/ou que l'autre devienne dépendant de nous. Nous portons la croyance qu'être en couple engendre une perte de soi, une perte de notre espace personnel. Nous accumulons alors des relations qui n'aboutissent sur aucun projet concret car dès que celles-ci deviennent plus « sérieuses », nous préférons fuir soit en rompant la relation soit en sabotant celle-ci pour que notre partenaire ait le courage, à notre place, de la terminer. Lorsque nous avons peur de l'engagement, nous percevons la relation comme un enfermement dans lequel nous allons rester *ad vita aerternam* car justement nous nous sommes engagés. Souvent, la peur de l'engagement cache des traumatismes et des peurs plus profondes telles que la peur de l'abandon, de la trahison, du rejet, de l'échec... Celles-ci prennent leur origine soit dans notre enfance selon le modèle de couple que nos parents nous ont transmis, soit dans une blessure émotionnelle plus ou moins récente. Pour dépasser notre peur de l'engagement, nous devons, d'une part, prendre conscience de son origine et faire un travail personnel dessus. Par exemple, je suis en couple depuis un an mais ayant peur de m'engager pleinement dans cette relation, j'ai toujours l'impression d'avoir un pied dedans un pied dehors. Mon père ayant quitté ma mère lorsque j'étais encore un bébé, je me suis senti abandonné par lui et cela a engendré la croyance que je n'étais pas suffisant pour qu'il reste. En tant qu'adulte ma peur de l'engagement vient de la croyance que si je m'abandonne pleinement émotionnellement dans une relation, l'autre s'apercevra que je ne suis pas suffisamment bien pour rester et donc m'abandonnera à son tour. Pour dépasser ma peur de l'engagement, je dois prendre conscience que celle-ci provient d'une peur de l'abandon et comprendre qu'un adulte ne peut en abandonner un autre.

D'autre part, pour surpasser notre peur de l'engagement, nous devons réaliser que le premier engagement auquel nous devons répondre est à nous-mêmes c'est-à-dire que c'est à nous de poser nos limites, de nous respecter et de faire ce qui est juste pour nous. Être avec l'autre signifie, bien entendu, faire des compromis entre les besoins de chacun et créer de la place pour la relation mais ceci se passe parce que nous le choisissons et non par obligation.

Personne ne peut vous imposer quoi que ce soit à moins que vous lui en donniez l'autorisation. C'est en respectant, avant tout, votre territoire et vos besoins que l'autre les respectera. La clef de la relation est de communiquer sur ce qui est juste pour vous et ce qui ne l'est pas. Vous pouvez réévaluer votre manière d'être en couple à chaque instant. Le premier engagement est envers vous-mêmes. L'indépendance n'exclut pas le fait d'être en couple, bien au contraire, cela donne des relations saines et équilibrées.

Tout est méditation.
Pourquoi vouloir chercher des choses ailleurs alors que tout est ici.
(Othello, chat, 2018)

Nous sommes nombreux à pratiquer des activités dites « spirituelles » telles que le yoga, l'hypnose, la méditation... Il est intéressant de se demander ce que nous cherchons à obtenir et à atteindre à travers ces pratiques. Nous sommes souvent motivés par le besoin de nous extraire de notre quotidien, de nous déconnecter de la matière, de mettre en pause notre mental, de nous relier à un espace considéré plus élevé, etc. Ces besoins-là montrent que nous accordons davantage de valeur à certaines activités plutôt qu'à d'autres. Ils montrent également que nous percevons notre quotidien et notre mental comme quelque chose dont il faut parfois se défaire. La recherche d'une connexion à un autre plan indique également que nous ne sommes point satisfaits de ce que la vie nous offre à chaque instant et que nous cherchons une transcendance de l'expérience actuelle.

Il est parfois dit que « nous ne sommes pas des êtres terrestres vivant une expérience spirituelle mais des êtres spirituels vivant une expérience terrestre ». Cela signifierait que les expériences vécues sur terre ne sont point spirituelles ou alors qu'il existe des expériences qui le sont et d'autres qui ne le sont pas. Or l'essence de chaque chose, chaque individu animal, végétal et minéral, de chaque élément est spirituelle. Il ne peut y avoir autre chose car nous sommes un Tout, nous sommes Un. Nous sommes donc des êtres spirituels vivant une expérience spirituelle. Tout est spirituel, de la bactérie à l'étoile. Tout est méditation, faire sa vaisselle ou chanter des mantras. Aucune activité n'est plus dégradante ou plus élevée qu'une autre. Nous pouvons sentir le divin en chaque chose en étant pleinement en conscience et en présence. Tout est une question de positionnement interne et de regard porté sur l'extérieur.

Demandez-vous dès aujourd'hui ce que vous cherchez à fuir ou à obtenir à travers « la pratique spirituelle » ? Quel plan de conscience souhaitez-vous atteindre auquel vous pensez ne pas parvenir sur le plan dit de la matière ? Que pensez-vous trouver là-haut qu'il n'y aurait pas ici ? Prenez conscience que tout ce qui vit est animé par le divin. Prenez conscience que tout ce qui est vécu est sacré. Vous êtes sacrés.

Le bourreau n'est pas à l'extérieur, il est en toi.
Tant qu'il se manifestera, tu verras l'extérieur comme oppressant et les autres comme des oppresseurs.

(Evoé*, chien, 2018)

Nous sommes beaucoup à entretenir, consciemment ou inconsciemment, des jeux psychologiques toxiques dans nos relations aux autres. L'un des jeux les plus connus est le triangle de Karpman où nous pouvons tenir tour à tour les rôles de victime, bourreau et sauveur. Lorsque nous adoptons majoritairement le positionnement de victime dans notre vie, nous percevons le monde comme un lieu où nous sommes dépréciés, rabaissés, dévalorisés, incompris, seuls... Nous nous sentons en permanence victimes des autres et du monde. Nous pensons que l'extérieur veut nous faire du mal car nous portons souvent la croyance que nous ne méritons pas d'être aimés et reconnus pour qui nous sommes. Cette croyance prend généralement source dans la relation à nos parents. Étant donné que les gens qui sont censés nous aimer le plus au monde n'ont pas été en mesure de nous apporter un amour inconditionnel, nous croyons que c'est de notre faute car nous ne sommes pas suffisamment aimables et capables. L'enfant ne remet pas en question ses parents, c'est à nous de le faire une fois adultes. Leur incapacité à nous donner de l'amour inconditionnel n'a aucun rapport avec l'être que nous sommes mais avec leurs propres peurs, croyances, schémas familiaux, etc. Tant que nous porterons sur nous un regard dépréciatif, tant que nous nous maltraiterons en interne, tant que nous ne modifierons pas les croyances limitantes et toxiques nous concernant, l'Univers ne cessera de nous donner raison. Par exemple : je me donne peu de valeur, je doute constamment de mes capacités. Je me plains régulièrement de me retrouver face à des collègues critiquant la qualité de mon travail. J'en viens même à leur donner raison. Je me sens souvent impuissant et je considère que j'ai la malchance de tomber sur des personnes qui ne m'apprécient pas. J'attends beaucoup de l'aide de mon entourage car je souhaite être vu et compris. Si je souhaite sortir du positionnement de victime, je vais devoir aller visiter les croyances actives en moi qui font que je suis face à ce type de situation et que je me laisse y rester bien que cela soit souffrant. Le monde tel que je le perçois à l'extérieur est le reflet de mon monde intérieur. Il fait écho aux blessures émotionnelles que je porte et que je maintiens actives en moi

Tout ce que nous portons à l'intérieur de nous se manifeste à l'extérieur car intérieur et extérieur sont un seul et même espace. Il n'existe qu'un seul bourreau : nous-mêmes.

Regardez avec attention les situations que vous êtes en train de vivre actuellement. Pensez aux personnes avec lesquelles vous êtes en lien, celles que vous avez récemment rencontrées. De quoi vous parlent-elles ? Ces expériences sont-elles souffrantes ou agréables ? Percevez la blessure que vous avez encore à travailler. Mettez-vous en chemin pour vous en libérer. Peu importe ce à quoi vous faites face aujourd'hui, c'est toujours vous-mêmes que vous rencontrez.

Lâche la notion de juste et d'injuste.
La vie est, c'est tout.
(Milou, chien, 2017)

Lorsque nous vivons des situations désagréables voire source de souffrance telles que la perte d'un emploi, la séparation avec un conjoint, le décès d'un proche, nous pouvons croire que la vie est injuste envers nous-mêmes et qu'il devrait en être autrement. Nous expérimentons ce sentiment d'injustice car nous portons la croyance que nous méritons de vivre autre chose que ce à quoi nous faisons face. De la notion de mérite découle la croyance que la vie ou une divinité pose un jugement sur nous et décide de nous récompenser ou de nous punir. Lorsque nous ressentons de l'injustice, nous remettons ce jugement en cause et considérons que nos qualités morales, intellectuelles, physiques, etc se devraient d'être récompensées au lieu d'être reniées ou méconnues. Nous nous positionnons alors comme victimes des événements qu'ils soient agréables ou désagréables à vivre. Or nous sommes responsables de ce que la vie nous présente, nous sommes des êtres créateurs. La vie résonne avec la vibration que nous portons car nous sommes la vie. L'extérieur n'est que le résultat de nos croyances internes. La vibration que nous émettons aujourd'hui crée notre lendemain. Nous pourrions alors tendre à penser que dans la vie tout est juste puisque tout se déroule en résonance avec qui nous sommes. Dire que la vie est juste amène, par opposition, à reconnaître l'existence de l'injustice. Catégoriser la vie, c'est poser un jugement sur elle, poser une étiquette qui la contient, l'enferme. La vie ne peut être contenue, elle n'a pas de limite, elle est. Lorsque nous la définissons, nous nous plaçons en dehors d'elle, nous nous en séparons.

Vous êtes la vie et la vie ne peut se tromper. Elle est. Que vous l'accueillez ou non, elle est. Que vous la trouviez juste ou injuste, elle est. Qu'elle soit agréable ou désagréable à vivre, elle est. Tout ajout d'adjectifs la concernant est une croyance et la vie viendra toujours y répondre. C'est en changeant votre regard, que vous changerez votre expérience. Vous êtes la vie en mouvement.

Tu as le droit de ne pas apprécier quelqu'un.
Cela ne veut pas dire que tu ne l'accueilles pas pour ce qu'il est.
(Hanafi*, lapin, 2017)

Souvent lorsque nous avançons sur une voie dite de développement personnel ou spirituel, nous apprenons à ouvrir notre cœur, à être dans davantage de tolérance envers les autres et envers nous-mêmes. En prenant conscience de nos schémas familiaux, de nos programmes de vies, en nous libérant de nos peurs, de nos mémoires cellulaires, de nos conditionnements, notre compréhension des autres et du monde qui nous entoure grandit. Nous prenons conscience que la source de toute chose est l'amour, nous sommes issus de l'amour inconditionnel et n'en sommes jamais sortis. Nous croyons alors qu'être « spirituellement élevé » signifie être dans l'amour inconditionnel envers toutes choses/tout individu. Nous cherchons donc à ressentir, vivre, recevoir et donner cet amour inconditionnel aux autres, à nous-mêmes et à la vie. Nous pensons qu'avec les expériences que nous avons vécues et donc avec la compréhension que nous avons de la vie, nous devons aimer chaque individu et être d'accord avec les situations qui se présentent à nous. Or comprendre l'autre ne signifie pas l'aimer et accueillir une situation n'implique pas de renoncer à des préférences qui nous portent vers autre chose. Par exemple, je suis dans une relation de complaisance avec une personne dont les valeurs ne correspondent pas à qui je suis. Cette personne tient notamment des propos sexistes. Je me dis en interne qu'avec les compréhensions « spirituelles » que j'ai, je devrais être en capacité de ressentir de l'amour pour elle et de l'accueillir. Or, je peux très bien accueillir cette personne pour ce qu'elle est, comprendre ses propres peurs et ses conditionnements qui l'amènent à penser ce qu'elle pense, ne pas l'apprécier et décider de couper cette relation toxique pour moi. Être dans une ouverture de cœur ne doit en aucun cas m'obliger à être dans des relations qui ne me conviennent pas. Par contre, être dans une ouverture de cœur c'est accueillir l'autre avec ses limites et ne pas penser que celui-ci devrait changer ou être autrement.

En n'appréciant pas certains aspects ou caractères d'une personne, nous nous définissons et apprenons à nous comprendre davantage. Nous prenons conscience de ce qui est juste ou pas pour nous, de ce que nous avons envie de vivre dans une relation et de ce que nous souhaitons incarner sur terre.

Personne ne se doit d'être autrement que ce qu'il est. Vous ne devez pas être autrement que ce que vous êtes. Chaque personne fait de son mieux à chaque instant compte tenu de ses croyances, de ses peurs, de ses conditionnements et programmes de vie. Ne pas apprécier quelqu'un ne dit pas de vous que vous êtes une personne intolérante, malveillante ou sans cœur... Cela montre que vous savez ce que vous souhaitez vivre et avec qui vous voulez être en relation. Il est essentiel d'accueillir chaque personne pour ce qu'elle est mais il est également important de se préserver et de poser ses limites.

Il est important de prendre son temps et de ralentir.
(Mamounette, vache, 2017)

Nous avons tous exprimé au moins une fois « que le temps passe trop vite », que « nous n'avons pas le temps de faire telle ou telle chose », que « nous sommes trop occupés », que « le temps nous manque », etc. Nous menons majoritairement des vies à toute allure, des vies remplies d'un grand nombre d'activités familiales, sportives, récréatives, des vies où le travail prend une place importante. Nous sommes dans une consommation expéditive et excessive de tout. Nous vivons à un rythme effréné. Notre vie est une course folle à travers laquelle nous tentons d'assouvir nos besoins le plus efficacement et rapidement possible. Depuis l'existence d'internet, des smartphones, de la livraison à domicile en 24 heures, des applications diverses, des magasins de grande distribution, nous avons pris pour habitude de satisfaire tout de suite la moindre envie qui vient à nous, nous ne savons pratiquement plus gérer la frustration. Notre modèle de société vient générer en permanence en nous de nouveaux désirs et donc de nouvelles insatisfactions. Nous entrons alors dans un système de surconsommation où nous cherchons à obtenir toujours plus et à aller toujours plus loin. Ainsi, au fur et à mesure, nous perdons la notion de ce qui nous importe profondément. Nous ne savourons plus l'instant présent. Nous ne savourons point la vie. Quand un événement tant attendu se déroule enfin, nous pensons déjà à ce que nous allons faire, vivre, accomplir après cela. Pourquoi sommes-nous dans une course permanente ? Pourquoi avons-nous une telle difficulté à prendre notre temps et à ralentir ? Pourquoi avons-nous tant besoin d'être en action ? Pourquoi voulons-nous expérimenter toujours plus que ce qui se présente à nous maintenant ? Généralement, notre besoin de faire vient d'une incapacité à être tout simplement. Nous croyons que nous sommes définis par ce que nous faisons. Or une action ne montre en aucun cas qui nous sommes, nous pouvons effectuer la même action et la réaliser avec une intention et une conscience différentes. Nous pouvons très bien observer les fraises pousser tant que nous sommes heureux et à l'écoute de nous-mêmes, là est l'essentiel. Nous pouvons également avoir une difficulté à ne rien faire car nous nous retrouvons alors face à nous-mêmes, à nos émotions, à nos peurs notamment celle du vide, de la mort. Nous préférons être en fuite plutôt que de nous confronter à ce que nous portons profondément. Mais se fuir soi-même c'est fuir la vie. Or nous sommes là pour reconnaître notre être véritable au-delà de nos conditionnements et accompagner pleinement et consciemment le vivant qui nous anime dans l'instant.

Dès aujourd'hui, ralentissez. Prenez chaque jour un temps où vous décidez de ne rien faire. Savourez chaque instant de cette parenthèse que vous vous accordez. Observez ce qui se passe à l'intérieur de vous. Reconnectez-vous avec les sensations de votre corps. Accueillez tous les ressentis qui se manifestent qu'ils soient agréables ou désagréables. Ne vous jugez pas, laissez-vous être tout simplement. Laissez-vous vivre. Ralentissez vos expirations et vos inspirations. Ressentez l'amour qui vous anime, ressentez la joie d'être en vie, d'être là, d'être. La vie ne vous demande rien, la vie n'est pas une course, elle est tout simplement.

Pense à moi en étant dans la joie de s'être connus et non dans la souffrance de m'avoir perdu.

(Helfy, chienne, 2018)

Lorsque nous perdons un être cher de notre quotidien de manière brutale, soudaine, inattendue, de nombreuses questions et émotions viennent nous envahir. Il est normal de ressentir du chagrin, de l'abattement, de la colère face à la perte de l'être aimé et de notre relation à celui-ci. Au fur et à mesure que les jours passent, il est naturel de ressentir le manque de cet être qui partageait notre vie quotidienne. Des lieux, des objets, des habitudes, des situations font ressurgir naturellement des souvenirs et nous font ressentir son absence. Toutefois, nous pouvons également avoir tendance à ramener du passé dans notre présent de manière volontaire, nous sommes alors créateurs de nos émotions, nos ressentis, nos sentiments qui sont issus de notre mental, de nos projections... Nous venons rajouter de la souffrance à une émotion déjà présente ou pas. Nous pouvons choisir de quoi nous souhaitons nous nourrir. Souhaitons-nous ressasser le passé et venir nourrir notre chagrin ou souhaitons-nous ramener ce passé pour nous remplir de l'amour que nous ressentons pour cet être disparu ? Souhaitons-nous vivre dans le passé et rester coincés dans notre souffrance ou souhaitons-nous « utiliser » ces souvenirs comme un tremplin vers la joie ? Le choix nous appartient, nous pouvons ressentir de la joie en prenant conscience de la chance que nous avons eue de vivre cette relation unique et de rencontrer cet être dans toute sa singularité. Il ne faut pas croire que notre degré de tristesse indique notre degré d'amour pour la personne disparue, il montre davantage notre incapacité à être pleinement dans l'instant présent, un pas après l'autre. Lorsque nous sommes pleinement dans l'instant présent, il ne manque jamais rien, tout est là, tout est plein en permanence.

Aux ressentis de surprise, de tristesse, de colère vient souvent s'ajouter un sentiment de culpabilité. Cette culpabilité est d'autant plus présente lorsque c'est un être dont nous nous sentions responsables. Nous sommes amenés à nous juger en pensant que nous aurions dû faire ceci ou cela, que nous aurions dû dire ceci ou cela, que nous aurions pu l'éviter, etc. Or nous faisons toujours de notre mieux et nous ne pouvons agir autrement que nous le faisons. Se sentir coupable c'est croire que nous contrôlons la vie et la mort, que nous sommes maîtres de la destinée de l'autre. Quel pouvoir nous donnons-nous ? Croire cela, c'est déposséder l'être défunt de son choix de parcours d'âme. Il est essentiel de remettre l'autre au centre de son histoire.

Accueillez votre non-maîtrise de la vie. Rendez à l'être aimé qui s'en est allé son plein pouvoir. Lâchez votre sentiment de culpabilité, ce qui s'est passé ne changera pas et rien n'aurait pu le changer. Il ne pouvait en être autrement. Nourrissez-vous de l'amour, de la joie et du bonheur partagés. Remerciez la vie d'avoir mis sur votre chemin cet être unique. Remerciez-le et remerciez-vous pour cette merveilleuse relation que vous avez choisi d'expérimenter tous les deux.

Avoir besoin de donner ou penser devoir donner,
ce n'est pas être dans le don.
Tu ne peux donner à la vie que ce que tu es véritablement.
(Othello, chat, 2018)

Beaucoup d'entre nous ont un grand besoin d'être utiles aux autres, de rendre service, de donner ou encore de contribuer à quelque chose. Ces besoins proviennent généralement du besoin d'être aimé, d'être reconnu et accueilli pour qui nous sommes. Nous croyons que nous obtiendrons l'amour des autres en échange de services rendus. Cette croyance s'est souvent mise en place dans notre enfance où nous obtenions des signes de reconnaissance de nos parents lorsque nous faisions des efforts, lorsque nous accomplissions une action jugée bonne ou lorsque nous leur faisions plaisir. L'amour de nos parents était donc conditionné par nos actions, ils n'étaient pas dans un amour inconditionnel envers nous. Nous croyons alors que qui nous sommes n'est pas suffisant pour être aimé en plein. Dans notre vie, nous pouvons alors être amenés à poser des actions bénéfiques pour les autres au détriment de nos propres envies et besoins, au détriment de qui nous sommes. Or, rendre service aux autres commence par se rendre service à soi et donner aux autres débute par se donner à soi. Nous ne pouvons offrir à l'autre ce que nous ne nous sommes pas déjà offert à nous-mêmes. Lorsque nous sommes dans le besoin de donner quelque chose dans une relation, c'est généralement que nous manquons de ce quelque chose. Le donner nous amène à le ressentir « en surface » mais ne nous nourrit pas. Le chemin à faire est donc d'observer ce que nous souhaitons donner à tout prix dans nos relations, prendre conscience que c'est quelque chose dont nous avons nous-mêmes besoin et puis nous le donner. C'est en nous nourrissant nous-mêmes de ce qui est important pour nous que nous pouvons réellement l'incarner. Lorsque nous rendons service, contribuons ou encore donnons car nous pensons le devoir, notre action prend sa source dans nos peurs et non dans un élan d'amour. Nous croyons qu'en agissant de telle ou telle sorte, nous serons récompensés d'une façon ou d'une autre en retour. En nous sentant obligés, nous n'entretenons pas une relation saine envers les autres, envers la vie. Or la vie répond à ce que nous portons, elle répond à l'intention émise, les peurs appellent d'autres peurs. Si nous souhaitons donner de l'amour, il ne tient qu'à nous d'être l'amour.

Vous ne pouvez donner véritablement à la vie que ce que vous êtes. Vous aimer, vous accueillir pleinement est le plus beau don à la vie que vous puissiez faire. Il s'agit simplement d'être. Vous ne devez rien à personne, vous ne vous devez pas d'être ceci ou cela. Soyez qui vous êtes simplement. Incarnez votre vérité. Nourrissez vos propres besoins. Prenez conscience de votre unicité. Voyez votre valeur. Vous êtes suffisants.

Sois ton propre prince, ta propre princesse, tu es ce que tu cherches réellement au fond de toi, il n'y a personne d'autre.

(Milou, chien, 2017)

Durant toute notre enfance, nous sommes bercés par les contes de fées dont les histoires sont globalement similaires : un prince rencontre une jeune fille ou vice-versa, ils tombent amoureux, traversent certains obstacles puis finissent par se marier et avoir beaucoup d'enfants. Ces histoires nous font certes rêver mais elles nous conditionnent également. Nous souhaitons vivre une fois adulte ce type de conte où nous trouverons « La » personne qui nous complète, notre moitié, celle qui nous sauvera ou qu'il faudra sauver. Homme ou Femme, nous cherchons tous à être aimés et à aimer, nous recherchons tous consciemment ou inconsciemment « La » personne de notre vie qui viendra nous combler. Au-delà du conditionnement de la société qui valorise le mariage et l'enfantement, la croyance que nous avons besoin d'être complétés par une (ou plusieurs) personne prend sa source dans le désir de nos parents d'avoir un garçon ou une fille ou dans le non-désir de l'un d'eux d'avoir un enfant. Lorsque nous venons au monde, nous sommes très rarement accueillis dans un amour inconditionnel sans attentes ni projections posées sur nous. Celles-ci programment cellulairement la croyance que nous ne sommes pas suffisants pour être valables, pour être aimés. Or si nous ne sommes pas suffisants cela nous porte à croire que nous avons besoin de quelqu'un ou de quelque chose d'extérieur pour nous compléter. Cette recherche d'unité, de complétude, de fusion peut nous amener à être dépendants de l'autre, de son regard sur nous et de croire que celui-ci fera/doit faire notre bonheur. Nous posons alors également à notre tour beaucoup d'attentes et de projections sur notre partenaire de vie qui se doit de nourrir cette partie de nous jugée « incomplète », qui doit venir combler nos besoins. Nous n'aimons alors pas l'autre pour ce qu'il est mais seulement pour ce qu'il nous apporte. L'idée n'est pas de rejeter le couple mais de comprendre ce qui nous anime dans cette recherche. Sommes-nous motivés par nos peurs, nos manques ou par un élan d'amour ? C'est en nous sachant complets que nous rencontrerons quelqu'un se sentant complet. Nous pouvons alors cheminer côte à côte dans une liberté mutuelle : celle d'être soi avec l'autre, celle d'être vrais sans aucune compromission. Le couple devient alors une rencontre permanente où chacun a sa pleine place et exprime sa pleine vérité.

Vous n'avez pas à être sauvés, vous n'avez pas à sauver l'autre. Vous êtes profondément la personne dont vous attendez de recevoir de l'amour inconditionnel. Vous êtes celle que vous recherchez. Personne ne peut vous apporter ce dont vous avez besoin. Personne ne peut vous rendre complets. Vous êtes déjà complets. Vous êtes suffisants. Vous êtes l'unité. En prenant conscience de votre complétude, vous ne la rechercherez plus dans l'autre. Apprenez à vous aimer et à vous accueillir pour qui vous êtes. Vous vivrez alors le couple qui correspond à votre être véritable.

Tu ne peux pas passer à côté de ce que tu es venu réaliser.
(Casimir, chat, 2017)

Lorsque nous venons de prendre une décision concernant notamment un emploi, notre couple ou notre quotidien, nous nous demandons souvent si nous avons effectué le bon choix. Ce questionnement met en lumière nos peurs de nous tromper, de passer à côté de quelque chose d'important, de pas atteindre ce que nous serions censés accomplir. Ce questionnement sous-entend qu'il existerait un mauvais choix celui qui nous empêcherait de vivre ce que nous sommes venus vivre, celui dont découleraient des expériences désagréables. Nous ne pouvons agir différemment de la manière dont on agit compte tenu de tous nos conditionnements, nous ne pouvons donc faire un choix différent que celui que nous sommes en train de faire. Il n'y a donc en soi ni de mauvais choix ni de bon choix, seulement des choix. Celui que nous sommes en train de poser est le meilleur car le plus approprié à ce moment, c'est celui qui résonne le plus là maintenant avec nos besoins. Par exemple, je ne suis pas bien dans ma relation amoureuse mais je ressens beaucoup d'angoisse à l'idée d'être seul, je reste donc par peur. Nous pourrions être tentés de penser que le bon choix serait celui de partir et le mauvais choix celui de rester dans cette situation. Or si, pour le moment, je ne suis pas en capacité de quitter la relation, le meilleur choix pour moi est de rester le temps que je travaille sur moi, que j'apprenne à dépasser mes peurs et que je consolide ma sécurité intérieure. Dans quelque temps, je serai peut-être en capacité de faire un autre choix, tout aussi juste pour moi à l'instant T.

D'autre part, croire que nous pouvons nous tromper de chemin, c'est croire que nous devons arriver à quelque chose de précis, prédestiné pour nous. Si réellement, nous sommes destinés à réaliser quelque chose ou à rencontrer quelqu'un, nous ne pouvons passer à côté, peu importent les choix que nous faisons, car cela est notre destinée. Ensuite, nous ne pouvons faire fausse route car nous sommes le chemin, il n'y a rien à atteindre, seulement à être qui nous sommes. Il n'y a personne à rencontrer si ce n'est nous-mêmes. Chaque choix que nous réalisons parle de qui nous sommes, il n'y a rien de bon ou mauvais en soi, il y a seulement ce qui est. Nous sommes venus nous réaliser et nous expérimenter, et cela a lieu à chaque instant où nous sommes au plus près de nous, où nous sommes à notre écoute, où nous sommes en vie.

Lorsque vous avez un choix à faire et ne savez pas lequel effectuer : posez-vous dans un endroit tranquille, où vous vous sentez bien. Inspirez et expirez plusieurs fois. Mettez-vous à l'écoute de vos ressentis physiques et/ou de votre intuition. Imaginez-vous faire l'un des deux choix. Que ressentez-vous ? Sentez-vous physiquement un soulagement ou une tension au niveau de la gorge, du ventre ou des poumons ? Quel choix vous procure davantage de bien-être ? Suivez celui-ci, il vous parle de votre élan profond.

Cesse d'aimer à moitié, de faire à moitié, de t'exprimer à moitié.
Dans la vie, il n'y a rien à craindre.
La vie attend de toi que tu te donnes en plein.
Tu es comme un cadeau à découvrir et à déballer pleinement.
Offre-toi à la vie, c'est le meilleur cadeau que tu puisses te faire.

(Griotte, rate, 2019)

Chaque être humain sur cette terre porte au niveau cellulaire la peur de mourir. Celle-ci se met notamment en place *in utero* lorsque notre être est informé des désirs de nos parents nous concernant. N'étant alors pas accueillis pleinement pour ce que nous sommes, ne pouvant répondre à leurs attentes, nous avons peur d'être tués. Au-delà du programme de vie instauré, la peur de mourir émane également de notre condition d'être humain, nous avons un cerveau reptilien qui nous pousse instinctivement à survivre. Mais si notre peur la plus profonde n'était pas celle de mourir mais celle de vivre ? Je ne parle pas ici de vivoter ou d'exister mais de vivre en plein. Vivre implique de ressentir. Vivre implique d'exprimer notre être véritable sans faux-semblants. Vivre implique de lâcher prise. Vivre implique d'écouter nos élans profonds. Vivre implique de nous abandonner pleinement à la vie sans retenue. Vivre implique d'accompagner le mouvement du vivant. Vivre implique de revenir à la pleine présence, à la joie de l'instant. Nous avons peur de vivre car nous avons peur de risquer mais risquer quoi ? Le plus grand risque est celui de passer à côté de notre vie, à côté de nous-mêmes. Nous ne nous abandonnons pas pleinement car nous ne souhaitons pas abandonner notre illusion du contrôle. La croyance que nous contrôlons la vie nous rassure, nous sécurise. Celle-ci est une illusion, nous ne pouvons maîtriser quelque chose qui est insaisissable. La vie est une constante inconnue, une découverte permanente. La vie se passe, la vie est. En revenant dans la conscience du « là maintenant », dans la présence à nous-mêmes, tout est stable, tout est amour. Notre insécurité provient de notre difficulté à lâcher notre passé et nos projections du futur. Dans l'instant présent, nous sommes en sécurité, il n'y a rien de difficile à traverser, cela se fait. C'est en nous offrant à la vie, en accueillant et lâchant nos résistances que nous sommes pleinement vivants. Il n'y a rien à faire seulement à être.

Vous êtes en permanence traversés par la vie. Accompagnez-la. Suivez vos élans. Exprimez vos ressentis. Vous souhaitez dire quelque chose à quelqu'un ? Dites-le lui. Soyez vrais, soyez honnêtes. Laissez-vous parcourir par vos émotions. Ressentez votre tristesse, votre colère, vos peurs, vos joies. Abandonnez-vous à l'instant, c'est le seul moment que vous pouvez expérimenter. Aimez-vous pleinement. Aimez. Vibrez de tout votre être. Vivez. Vous ne risquez rien.

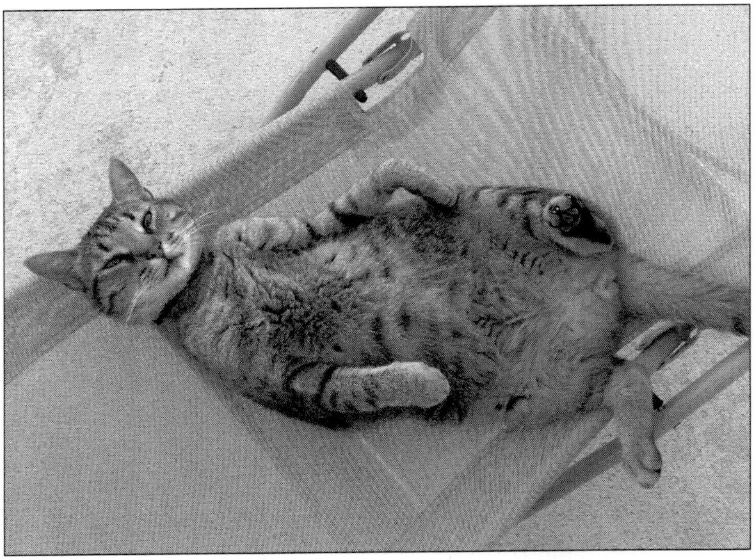

Lors d'une séparation, comprends que ce n'est pas toi qui es quitté, c'est ce à quoi la relation renvoie.

(Tiléo, chat, 2017)

Nous faisons tous face un jour ou l'autre à une rupture relationnelle. Celle-ci peut prendre la forme d'une séparation amicale, familiale ou amoureuse. Lorsque nous vivons cet événement, il n'est pas rare de penser que la personne avec laquelle nous étions en relation, nous quitte « à cause de nous ». Nous croyons être quittés car nous ne sommes pas assez bien, car nous ne sommes pas suffisants... Nous allons donc remettre en question notre valeur personnelle. Or notre valeur ne dépend pas d'une action posée par un autre. Si c'était le cas, cela signifierait que notre valeur serait sujette à la capacité d'un autre à nous apprécier, à nous aimer ou pas. Cette valeur serait donc constamment en train de fluctuer ce qui n'est pas le cas. Quoi que nous fassions, quoi que nous réussissions ou non, quoi que nous soyons, nous avons de la valeur. Nous ne valons pas moins parce que nous sommes quittés, comme nous ne valons pas plus parce que nous sommes aimés. Une personne décide d'arrêter une relation parce que celle-ci n'est plus suffisamment nourrissante pour elle ou parce que nous ne répondions pas aux projections, aux attentes ou aux besoins qu'elle avait posés sur nous. Or ce n'est pas à nous de répondre aux attentes et aux projections de l'autre surtout si celles-ci ne sont pas en accord avec qui nous sommes et nous amènent à nous sur-adapter. Ce pourquoi l'autre nous quitte n'est donc jamais en lien avec nous-mêmes (notre être véritable) mais en lien avec ce qui n'est pas nourri chez lui ou avec l'image qu'il a de nous.

Si l'amour de l'autre dépend de critères c'est que celui-ci n'est pas inconditionnel. Aimer l'autre c'est l'accueillir pour ce qu'il est, autant ses parts d'ombres que ses parts lumineuses. Maintenant, aimer l'autre inconditionnellement ne signifie pas que nous nous devons de rester en relation avec lui si cette relation est toxique ou simplement non nourrissante.

Lorsque nous sommes quittés, cela détermine qui est l'autre (ses limites, ses besoins, ses satisfactions/insatisfactions) mais cela ne détermine en aucun cas qui nous sommes. La relation est un lieu de travail qui met en lumière les limites de chacun, qui permet de travailler sur ses peurs et de s'en libérer. L'autre est notre miroir qui montre où nous en sommes sur notre chemin d'évolution.

Votre valeur ne dépend pas des actions posées par l'autre vis-à-vis de vous-mêmes. Votre valeur est immuable et incommensurable. Personne ne peut déterminer qui vous êtes ou ce que vous valez, donc cessez de vous laisser définir par l'autre. Une rupture est un événement désagréable à traverser car elle vous renvoie toujours à vos peurs et à vos blessures profondes. Il ne tient qu'à vous de les voir et de vous en libérer. La clef est d'apprendre à vous accueillir et à vous aimer pleinement.

Cesse d'attendre quelque chose de plus, de mieux, de différent. Vois que tout est déjà là. Ce qui est est déjà parfait et complet. Tu ne peux rien y ajouter de plus. Il n'y a pas de vide.

(Mangala, chat, 2017)

Vois-tu le verre à moitié plein ou à moitié vide ? Voici une phrase que nous entendons souvent. Il y aurait donc deux positionnements à adopter dans la vie. Percevoir le verre à moitié vide signifie que nous sommes pessimistes c'est-à-dire que lorsque nous vivons quelque chose, nous en percevons les aspects négatifs : ce qu'il nous manque, ce que nous aimerions voir à la place, ce qui est imparfait, etc. Nous adoptons ce positionnement lorsqu'une situation ne correspond pas à nos attentes, à la projection que nous en avions. Nous nous focalisons sur ce que nous considérons comme négatif et nous ressentons alors beaucoup de frustrations. Par exemple, je suis en vacances en Australie et j'attends avec impatience de plonger sur la barrière de corail. Je m'imagine des coraux et des poissons multicolores, de l'eau chaude, une ambiance paradisiaque. La journée de plongée a enfin eu lieu mais je reviens déçu et frustré car les poissons n'étaient pas si colorés, je n'ai pas aperçu de tortue alors que c'était mon rêve et j'ai eu froid... En me focalisant sur ce qui n'était pas parfait selon moi, je vois le verre à moitié vide, je ressens des émotions désagréables. Je pourrais dans cette situation regarder la chance que j'ai de pouvoir vivre cette unique expérience. Je pourrais me focaliser sur tout ce qui a été agréable dans ma journée : les rencontres, le repas, l'équipement qui me permet de voir les fonds marins, la découverte d'un nouvel endroit, etc. Je verrais alors le verre à moitié plein.

Percevoir le verre à moitié plein signifie que nous sommes optimistes, c'est-à-dire que lorsque nous vivons une situation, nous en percevons les aspects positifs. Nous nous focalisons sur ce qui nous apporte du plaisir, sur ce qui est agréable. Ce positionnement nous procure davantage de joie et de sérénité. Pour autant est-il juste de nier les émotions désagréables (peur, tristesse, colère, etc) que nous ressentons ? Le troisième positionnement à adopter où nous sommes le plus justes envers nous-mêmes est de percevoir le verre tel qu'il est, ni plein ni vide. À chaque instant, nous accueillons alors la vie telle qu'elle nous est présentée : non pas en ayant une perception négative ou positive des choses qui est un jugement que nous posons mais en accueillant ce que nous ressentons d'agréable ou de désagréable. La vie telle qu'elle est est parfaite, il n'y a rien à ajouter ni à enlever. Tout a une raison d'être. Lorsque nous percevons le manque, le vide c'est parce que nous comparons le présent avec un instant du passé qui n'existe plus. Sans ce jeu de mémoire, nous vivrions consciemment la complétude de l'instant présent.

Voir le verre tel qu'il est c'est être au plus près de soi, au plus près de la vie. Être heureux c'est accueillir tout ce qui est à cet instant : vos jugements, vos frustrations, vos limites, vos joies. Tout a le droit de cohabiter au même moment. Rien n'est positif ou négatif en soi. Ne vous focalisez ni sur le désagréable, ni sur l'agréable, soyez en conscience de tout.

La vie est telle une pièce de monnaie avec deux faces bien distinctes formant un Tout, l'une ne va pas sans l'autre.

(Riddim, chat, 2019)

Dualité ou non-dualité, voici un questionnement que de nombreuses personnes cheminant spirituellement se posent. Et si ce n'était pas l'un ou l'autre mais l'un et l'autre ?

Dans l'expérience que nous avons de la vie, il ne peut exister quelque chose sans que son contraire existe également. Nous ne pourrions expérimenter de l'apaisement sans expérimenter de la colère car être en colère nous permet de définir et de vivre ce qu'est un état sans l'être. Nous ne pouvons enlever un aspect de l'existence sans en enlever son opposé. Aimer la vie c'est en aimer et en accueillir toutes ses parties même celles qui nous paraissent sombres, violentes, désagréables. Ces parties-là nous permettent de nous définir, de nous apercevoir de ce qui n'est pas encore lumineux en nous et de savoir ce que nous avons envie d'expérimenter dans la matière. Par exemple, je suis célibataire depuis longtemps et j'ai peur de ne jamais rencontrer quelqu'un. Cette peur, bien que désagréable à ressentir, me permet de voir mon envie d'être en couple. L'intensité de ma peur est proportionnelle à l'intensité de mon désir existant. Si cette peur en moi n'existait pas, le désir ne serait pas présent. Lorsque nous vivons une situation que nous ne souhaitons pas vivre au lieu de la rejeter, accueillons-la avec gratitude car cette expérience nous permet également de vivre ce que nous souhaitons. L'expérience humaine est une expérience de dualité, nous nous sommes divisés afin de pouvoir nous expérimenter et nous connaître. Une seule chose ne peut savoir ce qu'elle est si rien n'existe auquel elle peut se comparer. La dualité est donc à la fois une vérité et une illusion. Une vérité dans l'expérience de la matière mais une illusion car nous sommes tous Un. Toute expérience est toujours sous-tendue par de l'amour et de la lumière car c'est ce qui nous compose. La source est amour et bien que nous ayons l'apparence d'être divisés sous différentes formes, nous ne pouvons être en dehors du Tout car nous sommes une seule et même chose. Nous baignons en permanence dans la source car nous sommes la source. La dualité et la non-dualité coexistent ainsi au même instant telle une pièce de monnaie ayant deux faces mais n'étant qu'une.

Remerciez votre tristesse, elle vous permet de ressentir la joie. Remerciez votre violence, elle vous permet de connaître la paix. Remerciez vos ombres, elles vous permettent d'accéder à votre lumière. Remerciez la mort, elle vous permet d'expérimenter la vie. Chaque aspect présent sur terre existe à l'intérieur de vous et y a sa place. Vous êtes venus expérimenter la dualité pour enfin vous (re)connaître en tant qu'Un. Rien n'est à jeter, rien n'est à changer, Tout est à aimer.

Il me fut difficile de choisir 60 messages parmi tous ceux que je reçois durant les communications. Chacun a sa place. Chacun a sa singularité. Chacun porte une énergie qui lui est propre. Afin de rendre hommage à d'autres animaux messagers, vous trouverez dans les pages qui suivent d'autres paroles recoupant certains sujets développés précédemment. Je vous recommande de prendre le temps à la lecture de leurs enseignements et de les laisser infuser. Accueillez ce qui se produit à l'intérieur de vous, voyez ce qui résonne, percevez ce qui suscite de l'inconfort. Tout est à sa place. Tout est juste. Gratitude.

La vie est une pièce de théâtre où chacun a accepté de jouer un rôle. L'idée est d'accéder à cette connaissance et ainsi de voir tous les possibles existants. Tu peux tout être, il n'y a pas de raison de se prendre autant au sérieux. Tout ça n'a pas d'importance, l'importance est de savoir ce que tu as envie de vivre et d'expérimenter ?

(Caline, chatte, 2015)

La peur fait appel à ton instinct de survie, de précaution. Lorsque tu es dans la survie, tu n'es pas dans la vie. Que tu aies peur ou pas, la mort viendra. Lutter contre ce fait, c'est s'opposer à la vie. La vie est une aventure : accompagne-la !

(Milky, chatte, 2015)

Il n'y a rien à faire, il y a juste à être. Laisse tomber toutes ces obligations, ces règles que tu t'imposes. Sois juste heureuse avec qui tu es et où tu es. Rien de plus, rien de moins.

(Sangria, jument, 2016)

Le contrôle est une illusion. Le seul contrôle que tu as est le regard que tu portes sur les choses.

(Milka, chat, 2017)

Prendre soin de toi est le premier service à te rendre. Personne ne le fera à ta place.

(Grisette, chatte, 2017)

Tu es là pour expérimenter l'amour que tu es. C'est en goûtant à cet amour que tu pourras l'amener et le recevoir dans les relations. Tu n'auras plus besoin de chercher de complément. Tu es complet et tu rayonnes cela.

(Syra, chatte, 2017)

La lumière est en tout, elle est là en permanence. Elle ne te quitte jamais car tu es la lumière, elle est en chaque partie de toi.

(Taquin, chat, 2017)

Tu ne perds jamais rien car rien ne t'appartient. Tout est un prêt pour un temps donné.

(Penny, chatte, 2017)

La vie est trop courte pour ne pas être vécue en plein. Suis les élans qui font joie à ton cœur et apportent douceur à ton être. Il n'y a pas d'ailleurs qu'ici. Il n'y a pas de plus tard que maintenant.

(Beaugrey, cheval, 2017)

Dans la vie, tu n'es jamais en sécurité cela n'existe pas. La seule sécurité, c'est la croyance que la vie te présente ce qu'il y a de mieux pour toi, même si c'est une souffrance.

(Tiléo, chat, 2017)

Tu ne dois pas te sacrifier pour les autres. Sois dans un accompagnement juste qui ne soit pas au détriment de toi.

(Ginko, chien, 2018)

Tu ne peux pas demander aux autres de te respecter, si toi tu ne te respectes pas.

(Minnie, chatte, 2017)

Regarde, tu es déjà là à ta place, regarde le miroir, tu n'es pas ailleurs.

(Piama, chatte, 2017)

Ne pose aucune action dont tu es le coût.

(Shogun, chat, 2018)

Être responsable, ne veut pas dire ne pas être sensible, ne pas être vulnérable.

(Upercut, cheval, 2018)

Le premier engagement c'est à soi. Revisite tes principes régulièrement. Sois dans ce qui est vrai pour toi dans l'instant présent.

(Mowgline, chatte, 2018)

La vie, c'est la joie, c'est être libre, c'est se faire plaisir. Tu n'es pas là pour te faire souffrir. Il n'y a rien à gagner. Il n'y a pas de ligne d'arrivée.

(Shéra, chatte, 2018)

Sois en présence à toi, ancre-toi dans ta place, dans ton positionnement. N'aie pas peur du regard et du rejet des autres, cela n'a pas de rapport avec toi, c'est leur regard, ça leur appartient. Ce qui t'appartient c'est d'y accorder de l'importance ou pas. C'est toi qui choisis.

(Syra, chatte, 2017)

Tu fais de ton mieux. Tu ne peux être autrement que ce que tu es. Tu ne peux faire autrement que ce que tu fais.

(Samba, chienne, 2017)

Il n'y a pas de victime. Tu te donnes une mission comme si ce qui est ne devait pas être. Ce qui est, est. Il n'y a rien à sauver, il y a juste à être.

(Irko, chien, 2017)

Accueille tes émotions, accompagne-les et laisse-les passer. Ne t'enferme pas dans celles-ci, tes émotions ne te définissent pas.

(Helfy, chienne, 2018)

Le monde ne peut avoir aucun pouvoir sur toi à part celui que tu lui donnes.

(Tulipe, jument, 2017)

Il n'y a pas de moments ordinaires. Ne néglige pas les petites choses, tout a son importance.

(Etna, chatte, 2016)

Aime passionnément sans laisser la peur d'être abandonné t'entraver. Travaille avec plaisir. Dis-toi que tu fais de ton mieux. Pardonne-toi. Aie conscience qu'il n'y a pas d'erreur, seulement des leçons. Sois présent à toi-même. Sois connecté à ton environnement. Apprends à t'aimer. Aime sans attache, simplement et légèrement.

(Jawar, chat, 2015)

Tu définis une partie de qui tu veux être en fonction de qui tu es dans une relation et avec qui tu es en relation.

(Lapinette, lapine, 2014)

Tout est en parfaite harmonie. Ce qui te paraît être du désordre est harmonieux, c'est exactement comme cela doit être, c'est exactement à sa place.

(Misha, chat, 2018)

DEUX ENSEIGNEMENTS FONDAMENTAUX DES ANIMAUX

Comme vous l'avez vu tout au long de ce livre, les animaux nous transmettent au quotidien de nombreux enseignements concernant tous les domaines de notre vie. Nous avons tant à apprendre d'eux si seulement nous nous mettions à leur écoute ! Cependant, il y a deux enseignements qui me paraissent fondamentaux et qui à mon sens sous-tendent tous les autres. Je les évoque à la fin de toutes les formations que j'anime car, pour moi, ils sont des clefs pour vivre une vie davantage sereine et joyeuse. Pour prendre conscience de ces enseignements, nous n'avons pas besoin de développer des capacités de communication intuitive avec les animaux, il suffit de les observer. Là est toute la force de ces enseignements car ils sont sous nos yeux et donc à la portée de tous. Je fais référence à la capacité des animaux à vivre dans l'instant présent et à être dans l'amour inconditionnel.

En 2013, j'ai assisté à un séminaire de comportementalistes. Durant une conférence a été prononcée une phrase qui m'a frappée et que je garde en mémoire depuis : ***L'être humain est la seule espèce animale qui se fait souffrir.*** Nous sommes donc une espèce non pas qui « subit » de la souffrance mais qui se « fait souffrir ». Ceci est dû à un aspect qui nous différencie (et non pas qui nous rend supérieur à l'animal car nous ne le sommes pas) des autres animaux : notre intelligence conceptuelle.

Cette intelligence conceptuelle est une capacité qui nous permet d'établir des relations entre les éléments. Bien que celle-ci ait son utilité en nous permettant de maîtriser le langage et donc en nous donnant la possibilité d'établir des raisonnements complexes, elle nous pollue aussi la vie en nous incitant à créer des liens entre des événements qui n'en ont pas. En d'autres termes, elle nous donne aussi la possibilité de nous fabriquer de belles histoires souffrantes.

Il faut savoir que la majorité des sentiments chez l'être humain est générée par la pensée, c'est-à-dire qu'ils ne prennent pas leur source dans le présent mais dans une blessure émotionnelle du passé (souvent apparue dans notre enfance). Par exemple, je viens de rencontrer quelqu'un, nous nous fréquentons depuis une quinzaine de jours en soirée. J'ai envie de le voir davantage donc je lui propose une journée randonnée avec pique-nique. Il ne me répond pas alors qu'il a toujours répondu assez rapidement. Je commence alors à établir différents scénarios mentaux : 1) Je l'imagine avec une autre 2) je me dis qu'il n'a pas apprécié notre dernier rendez-vous et donc qu'il ne veut pas me revoir 3) je pense qu'il est peut-être en train de se rendre compte qu'il ne veut pas être en relation avec moi 4) blablabla. Pourquoi est-ce que je me crée ces différentes histoires qui me font souffrir ? Je le fais car j'ai la croyance que je ne suis pas suffisante pour être aimée et je crois cela car j'ai été abandonnée par mon père : pour que mon père m'abandonne c'est que je ne devais pas être assez bien pour qu'il reste. Je porte cette blessure d'abandon qui engendre des peurs et une insécurité permanente. Tant que je n'en prends pas conscience, je vais ramener constamment mon passé dans mon présent en me créant des histoires souffrantes. Dans l'exemple cité, le seul fait est que l'autre ne m'a pas répondu, le reste n'est qu'interprétation.

Les animaux ne se créent pas d'histoires, ils ne se projettent pas. Lorsque vous laissez votre animal seul chez vous, il peut effectivement ressentir de l'anxiété de séparation. Cela n'a pas lieu parce que celui-ci se crée différents scénarios mentaux mais simplement parce que vous n'êtes pas là et qu'il vous a identifié comme point de repère ou comme figure maternelle. Son anxiété est en lien avec ce qu'il se passe dans le présent et non en lien avec des histoires qu'il se raconte. Votre animal ne s'imagine à aucun moment que vous n'êtes pas là car vous préférez passer du temps avec le chien du voisin ou parce que vous n'avez pas apprécié la dernière balade avec lui.

Les animaux ressentent bien entendu des sentiments mais ceux-ci ont une seule origine : les émotions ressenties à répétition. Par exemple, un chien qui est battu va ressentir de la peur à répétition. Cela va générer chez lui un sentiment d'insécurité et de méfiance permanente. Pour transformer cela lorsqu'il est enfin dans une famille qui le considère, il va devoir ressentir de la joie à répétition. Celle-ci engendrera, au bout d'un certain temps chez ce chien un sentiment de sécurité et de confiance. Il faut environ recevoir dix signes de reconnaissance positifs pour compenser un signe de reconnaissance négatif reçu. Par conséquent, selon l'ampleur du traumatisme émotionnel de l'animal, cela va prendre plus ou moins de temps pour que celui-ci soit de nouveau dans une relation de confiance vis-à-vis de l'être humain. Il est donc essentiel d'être patient et d'être dans l'accueil des limites de cet être lorsque nous adoptons un animal qui a subi des maltraitances.

Les animaux nous apprennent à vivre dans le moment présent, ils sont constamment présents à ce qu'il se passe là maintenant. Vivre dans le moment présent n'est pas la même chose que vivre au jour le jour. Le propre de l'être humain est de projeter, l'essentiel est de ne pas croire à ces projections qui n'ont aucune réalité dans le présent. Par exemple, si j'ai un entretien d'embauche dans quinze jours, je peux déjà commencer à être stressé en me racontant qu'à tous les coups je vais échouer, que les recruteurs vont voir que je n'ai pas les capacités suffisantes, etc Je ne peux pas m'empêcher de me raconter tout cela par contre je peux ne pas donner du poids à ce blabla mental en revenant à ce que je vis dans le moment présent. À cet instant, je ne suis pas en entretien, cet événement n'a aucune réalité maintenant et il n'en aura peut-être jamais. Je n'ai aucune idée de ce que la vie me réserve. En se libérant du passé, en revenant au présent, nous ne nous faisons plus souffrir ou en tout cas nous ne donnons plus de poids à cette souffrance. Nous accueillons alors le vivant avec davantage de sérénité. Les animaux sont des grands maîtres à ce sujet, ils sont en permanence connectés à tous leurs ressentis et à l'environnement qui les entoure. Ils ressentent également des émotions désagréables telles que la peur, la tristesse, la colère mais ils les laissent libres de passer, ils ne s'accrochent pas à elles ou ne les mentalisent pas. Une fois l'émotion passée, ils reviennent à un état interne stable. les animaux vivent la vie comme une découverte permanente et ils ont bien raison car la vie n'est autre qu'inconnue.

Toutes les blessures que nous portons (trahison, rejet, abandon, humiliation, injustice) nous ramènent toujours à la croyance que « nous ne sommes pas suffisants » pour être aimés. Nous croyons que nous devrions être plus ceci ou moins cela pour recevoir de l'amour inconditionnel et pour nous donner de l'amour inconditionnel. Nous nous jugeons en permanence, nous nous comparons sans arrêt avec l'extérieur. Nous jaugeons constamment notre valeur personnelle. Les animaux ne se jugent pas, ne se comparent pas. La nature, dans sa globalité, s'accueille en permanence.

Jamais un chien ne pensera que son poil est moins brillant que le chien du voisin. Jamais une feuille d'arbre se percevra moins jolie qu'une autre. Seul nous humains regardons les choses à travers une échelle de valeur. Les animaux ne nous jugent pas et ne nous comparent pas. Ils nous accueillent pour ce que nous sommes avec nos limites car ils ont accès intuitivement à ces limites et donc à la compréhension de celles-ci. Les animaux nous voient pour ce que nous sommes réellement au-delà de tous les masques que nous empruntons. Ils ont accès à notre être véritable. Les animaux nous aiment inconditionnellement, ils incarnent l'amour inconditionnel. Nous sommes beaucoup à penser que la nature fait bien les choses, que la nature est belle et parfaite. Quelle prétention avons-nous donc de croire que la nature aurait fait une erreur avec nous ?

Les animaux n'ont pas d'attente envers nous autres que de répondre à leurs besoins lorsque nous en avons la responsabilité. La nature n'a pas d'attente envers nous. Quand donc allons-nous commencer à nous aimer pleinement ?

Il est temps de nous accueillir dans notre globalité et cela inclut d'accueillir aussi nos limites. Il ne s'agit pas non plus de vous juger la prochaine fois que vous poserez un jugement envers vous mais d'accueillir le fait que vous vous jugiez encore. Plus vous vous aimerez, plus vous serez en capacité d'aimer le monde et de contribuer à faire naître de l'amour dans le monde, nous ne pouvons pas réellement donner ce que nous ne nous sommes pas donné avant tout.

C'EST TOUJOURS TOI-MÊME QUE TU RENCONTRES

Pourquoi les animaux nous transmettent-ils des messages de sagesse qui ont pour but de nous amener à nous aimer davantage et à vivre avec davantage de sérénité ? Je pense que beaucoup d'entre vous sont surpris par la richesse de leurs messages et se demandent quel est l'intérêt de l'animal là-dedans. Il faut comprendre que nos croyances et nos peurs collectives ne sont que le reflet de nos croyances et de nos peurs individuelles. L'extérieur n'est qu'un miroir de notre monde intérieur.

Voici le message d'une jument, Cheyenne, que j'ai reçu lors d'une communication à destination des êtres humains :

L'animal n'est pas là pour servir l'homme. Aucun être vivant n'est là pour servir un autre être vivant. Nous sommes là pour cheminer les uns à côté des autres dans un respect mutuel de chaque être. Nous sommes là pour goûter à l'amour qu'est l'autre, expérimenter différentes relations. L'amour est toujours le même mais sa forme est variée. Là réside la beauté de la vie. Nous sommes amour. Nous devons reconnaître l'amour, le divin qu'est l'autre au-delà de nos différences de forme. L'homme saccage, l'homme détruit. En faisant cela, il s'autodétruit. Tout simplement parce qu'il ne voit pas l'amour qu'il est, il ne s'aime pas assez. Le changement doit naître d'abord en soi. Tant que vous vous maltraiterez en interne, il y aura de la maltraitance sur la planète. Le renouveau viendra lorsque vous commencerez à vous aimer. Nous vous aimons.

Plus nous nous maltraitons en interne plus il y a de la maltraitance sur la planète.

L'attitude que nous avons envers nous-mêmes et la même que celle que nous entretenons avec notre environnement. Nous marchandons la nature en attribuant telle ou telle valeur à tel ou tel individu comme nous nous marchandons en interne en nous évaluant. Nous sommes dans un système de hiérarchie envers le vivant comme nous nous hiérarchisons en permanence. Nous avons établi une échelle de supériorité dans le vivant qui nous donne le droit comme espèce dite « supérieure » d'utiliser le vivant comme bon nous semble. Cette échelle est la même que nous appliquons constamment vis-à-vis de nos compétences/qualités, vis-à-vis de nous-mêmes.

Aujourd'hui le vivant se meurt :
En 40 ans, 60 % des populations d'animaux sauvages ont disparu.
En 30 ans, 80 % des insectes volants ont disparu en Europe.
En 40 ans, les populations d'espèces marines ont décliné de 40 %.
65 milliards d'animaux sont abattus chaque année pour la consommation mondiale soit 2000 animaux par seconde…

Il devient urgent d'adopter dès maintenant un nouveau positionnement envers la nature et les animaux pour la survie de l'ensemble. Nous nous devons de devenir des gardiens de la planète c'est-à-dire de respecter la nature de chaque espèce en lui laissant la place pour répondre naturellement à ses besoins biologiques ou en répondant à ceux-ci si nous en avons le soin.

La pratique de la communication intuitive, nous montre que tout est énergie. Chaque vibration que nous émettons vient nourrir des vibrations déjà existantes et vient donc créer et renforcer le monde dans lequel nous vivons. Si nous souhaitons vivre dans un système coopératif et respectueux de toutes vies, il est temps de coopérer avec soi et de se respecter. Nous sommes le premier animal avec lequel nous sommes en relation. Le premier pas vers un monde davantage bienveillant est donc de s'accueillir et de s'aimer davantage. Le premier endroit où vous pouvez agir est en vous. C'est toujours nous-mêmes que nous rencontrons. Je vous pose donc la question : Qui souhaitez-vous rencontrer aujourd'hui ? À quoi souhaitez-vous contribuer ?

Aimer la nature c'est en aimer toutes ses parties et vous en êtes une.

SE RELIER, L'ÊTRE HUMAIN EST UN ANIMAL

Entre le début d'écriture de ce livre et sa fin, j'ai réalisé que bien que nous nous disions souvent « déconnectés » de la nature, nous ne pouvons être déconnectés de quelque chose qui nous constitue. Nous sommes la nature en mouvement, nous sommes une seule et même chose. Nous avons peut-être perdu la conscience de cette vérité mais en aucun cas nous n'avons perdu ce lien à la Nature. Nous cherchons à nous reconnecter à la nature en allant nous promener dans des espaces naturels, en allant au contact de la verdure. Il est vrai que ces lieux sont des facilitateurs d'apaisement, ceux-ci sont souvent moins pollués chimiquement et énergétiquement ce qui nous permet un repos du corps et de l'esprit. Mais concrètement, nous n'avons pas besoin de nous reconnecter à la Nature car nous sommes en connexion permanente. Pour en prendre conscience, il suffit de se poser un instant, de prendre le temps et de regarder à l'intérieur de soi. En faisant cela, nous y trouvons un lieu de ressourcement, de paix et de sérénité. Il existe en chacun de nous un espace non pollué par le mental, par nos peurs, par nos émotions qui est dans un calme et silence absolus en permanence. Cet espace nous apporte ce bien-être que nous recherchons à l'extérieur de nous lorsque nous allons nous promener dans la nature. C'est en redécouvrant cet espace que nous prenons alors conscience que notre état naturel est l'état alpha ou état méditatif ou dit de conscience modifiée. Dans de nombreux livres sur la communication animale, il est dit que l'état d'éveil ordinaire ou état naturel des animaux est l'état alpha, état méditatif et que l'état naturel à nous êtres humains serait l'état bêta, état où nous sommes dans la réflexion, l'analyse. Or, bien que nous l'oubliions trop souvent, nous sommes des animaux. L'état de conscience modifiée ne serait-il donc pas celui où nous utilisons notre mental ?

Plus nous prendrons conscience que nous ne sommes pas séparés du Vivant, plus nous saurons profondément que nous sommes la nature s'exprimant, alors nous retrouverons de plus en plus nos capacités naturelles de communication avec l'ensemble de la vie. Il existe un langage commun à tout le Vivant et il ne tient qu'à nous d'aller au plus profond de nous-mêmes pour le redécouvrir. Nous ne sommes pas nos émotions, nous ne sommes pas notre mental, nous ne sommes pas notre corps, nous sommes beaucoup plus vastes que cela. Il est grand temps de nous éveiller à cette conscience. Les animaux, les plantes, les minéraux attendent que nous les entendions et les écoutions.

Je laisse la place, à un merveilleux être avec lequel j'ai eu l'honneur de communiquer, Isie, pour conclure ce livre :

Rien ne peut nous éloigner de l'amour, même pas nos peurs, car tout est amour.
Chaque seconde de la vie est amour, l'amour est en tout et en tout temps.
La vie t'aime car la vie s'aime et tu es la Vie.
Rien de plus, rien de moins.
Tout est en parfait équilibre.
Tout est à sa place.
Il ne peut en être autrement car il y a seulement ce qui est et c'est Tout.

HOMMAGE À RUBY

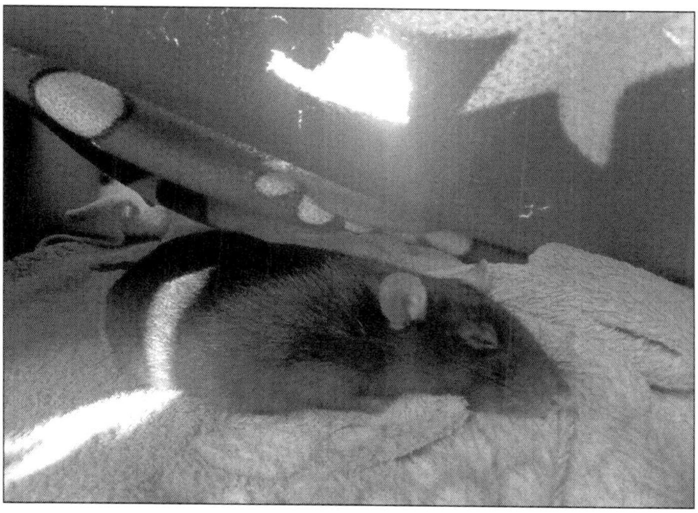

L'amour n'a pas de forme.

(Message de Ruby, reçu le jour de son départ le 20.03.2020)

Parce que l'amour est à la fois le commencement et la fin…
Il est l'essence de toute chose…
On se retrouvera.

Coordonnées :

Éva Lartigau
www.connexion-animale.com
https ://www.facebook.com/relationhumainanimal/

TABLE

Dépôt légal : mai 2020 - N° imprimeur : 052066002
Imprimé en France par Présence Graphique - Monts